LES

ACTIONNAIRES RUINÉS

PAR LA JURISPRUDENCE

IMPRIMERIE DE COSSE ET J. DUMAINE, RUE CHRISTINE, 2.

LES

ACTIONNAIRES RUINÉS

PAR LA JURISPRUDENCE

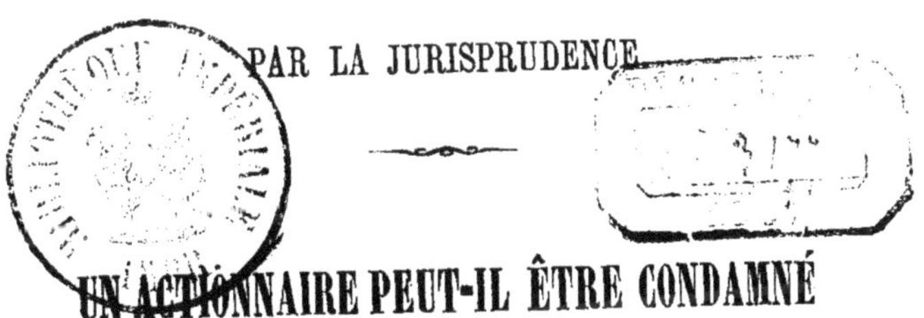

UN ACTIONNAIRE PEUT-IL ÊTRE CONDAMNÉ A RAPPORTER SES DIVIDENDES?

PAR

ÉMILE LENOËL

DOCTEUR EN DROIT, ANCIEN AVOCAT A LA COUR DE CASSATION
AVOCAT A LA COUR IMPÉRIALE DE PARIS.

PARIS

LIBRAIRIE DE GUILLAUMIN ET CIE

ÉDITEURS DU JOURNAL DES ÉCONOMISTES, DE LA COLLECTION DES PRINCIPAUX ÉCONOMISTES
DU DICTIONNAIRE DE L'ÉCONOMIE POLITIQUE
DU DICTIONNAIRE UNIVERSEL DU COMMERCE ET DE LA NAVIGATION, ETC.

14, rue Richelieu, 14

1867

AVANT-PROPOS

Pendant que l'esprit d'association se développe de jour en jour, que le législateur l'encourage et le favorise par des lois comme celles de 1856 sur les sociétés en commandite par actions, et de 1863 sur les sociétés à responsabilité limitée, que les capitaux du riche et les épargnes du pauvre affluent avec ces grandes entreprises qui ont déjà modifié et qui modifieront de plus en plus notre état économique et social, la jurisprudence, attardée sur quelques dispositions de nos Codes édictées en vue de situations toutes différentes, mais judaïquement interprétées, pose des principes et rend des décisions qui sont de nature à porter un coup mortel au crédit et à l'avenir des sociétés industrielles.

Jusqu'ici ces décisions sont restées inaperçues parce qu'elles sont intervenues dans des affaires relativement peu importantes, et qui n'étaient pas de nature à frapper l'attention publique; mais pour qui sait quelle est l'influence des précédents judiciaires sur l'esprit des magistrats, pour qui sait quelles conséquences funestes peut entraîner un principe erroné, et combien il est difficile de faire rebrousser chemin à la jurisprudence lorsqu'elle est engagée dans une mauvaise voie, le danger est déjà immense, et il est grand temps de le révéler. J'aurais souhaité que quelque publiciste dont l'opinion fait autorité se fût donné cette mission; mais, puisque tout le monde se tait, comme la vigie qui voit un écueil, je le signale.

Le moment est opportun, les lois de 1856 et de 1863 ne paraissent déjà plus répondre au but qu'elles poursuivaient. Le caractère de réglementation dont elles sont empreintes est considéré comme une entrave; et pour donner à l'esprit d'association tout son essor, le Gouvernement a saisi le Corps législatif d'un projet de loi plus libéral, et un membre de la Commission en a proposé un autre qui laisse aux parties la liberté de régler comme elles l'entendent leurs conventions sociales, à la seule condition que ces conventions ne soient pas contraires à l'ordre public et aux bonnes mœurs.

La jurisprudence que je critique, en effrayant les capitaux, pourrait frapper de stérilité le principe de liberté dont le projet attend les plus heureux résultats. Espérons que le législateur le comprendra et que la loi nouvelle contiendra un texte assez positif pour rendre désormais cette jurisprudence impossible.

§ I

ÉTAT DE LA JURISPRUDENCE SUR LA QUESTION.

Voici quels sont aujourd'hui, d'après la jurisprudence des Cours impériales, sanctionnée par la cour de Cassation, les droits des créanciers d'une société en commandite par actions vis-à-vis des actionnaires de bonne foi, auxquels on distribue des dividendes, si ces créanciers prouvent, n'importe à quelle époque et lorsque la société est en faillite, qu'au moment de la distribution cette société n'avait pas de bénéfices réalisés.

Je copie textuellement, dans un des grands recueils de jurisprudence, le sommaire du dernier arrêt rendu sur la question :

« Les dividendes qui ont été distribués aux « actionnaires d'une société en commandite, alors « qu'il n'existait pas de bénéfices, doivent être « restitués par eux, bien qu'ils les aient reçus de « bonne foi. » (C. civ., art. 1245 et 1376 ; — C. comm., art. 26.)

« Il n'y a aucune distinction à faire, à cet « égard, entre les actions nominatives et les ac- « tions au porteur (1). »

Ce sommaire, dans sa rédaction laconique, résume très-fidèlement, non pas seulement la décision de l'arrêt, mais l'état de la jurisprudence qui paraît destinée à régler désormais le sort des actionnaires, et chacun doit comprendre le danger auquel il est exposé.

Vous achetez des actions d'une société parce qu'elle donne des dividendes, et vous les achetez d'autant plus cher que les dividendes sont plus élevés; vous gardez les actions pendant un temps plus ou moins long; vous considérez naturellement comme des revenus les dividendes qui vous sont payés chaque année, vous les appliquez à vos besoins, à vos dépenses journalières, et vous croyez pouvoir le faire en toute sécurité. En un mot, vous ne pensez courir qu'un risque, celui de perdre votre capital si la société tombe en faillite; mais il ne vous est jamais venu à la pensée que vous puissiez voir la valeur de vos actions réduite à rien et être, en plus, obligés à rapporter quelque

(1) Cour de Caen, 16 août 1864 (Dalloz, année 1865, 2e partie, p. 193).

chose dans la caisse de la société. Quelle erreur est la vôtre! Si la société tombe en faillite, les créanciers reconstitueront, année par année, son bilan; ils rechercheront quelle était sa véritable situation à la fin de chaque exercice, et s'ils peuvent prouver qu'à une époque quelconque elle n'avait pas de bénéfices réalisés et que cependant elle vous a distribué des dividendes, ils s'adresseront à vous pour faire remplir la caisse sociale; et bien que votre bonne foi soit certaine, que vous ayez été les premiers trompés par la distribution des dividendes, que la conséquence de ce délit commis à votre préjudice (la loi de 1856, art. 12, en a fait un délit qu'elle punit comme l'escroquerie) soit la perte de votre capital, vous ne serez pas moins condamnés à les rapporter, quelle que soit l'époque à laquelle vous les aurez reçus.

J'entends vos objections : vous protestez d'abord tous ensemble, et par des raisons communes à toutes les catégories d'actionnaires, contre un semblable résultat, et chacune de ces catégories cherche ensuite, dans sa situation particulière, des motifs d'exception à l'application de la règle.

L'objection commune à tous est celle-ci :

Vous devez, me dira-t-on, exagérer le danger

pour le faire mieux voir; nous sommes bien obligés de reconnaître que les arrêts dont vous nous montrez le résumé nous obligent, en cas de faillite, à rapporter les dividendes; mais les dividendes nous ont été distribués comme des fruits; nous les avons reçus et consommés comme des fruits; or, nous étions de bonne foi, et la loi ne condamne à restituer les fruits que ceux qui les ont reçus de mauvaise foi (art. 1378); dans tous les cas, les intérêts et arrérages se prescrivent par cinq ans, en faveur des débiteurs (art. 2277). Cette prescription doit protéger également ceux qui, ayant reçu des versements à ce titre, sont exposés plus tard à les restituer.

Tel est notre cas. Nous sommes donc protégé par la prescription quinquennale, et nous ne serons jamais soumis à rapporter les dividendes qui nous auraient été distribués à une époque plus reculée.

Voilà votre objection; mais elle s'est déjà produite, et les arrêts n'en tiennent aucun compte.

D'abord, vous saurez qu'elle pèche par la base. Vous dites que vous avez reçu les dividendes comme des fruits ; tant pis pour vous si vous avez eu cette opinion, mais il ne fallait pas l'avoir. Comprenez bien, en effet, qu'il n'y a de fruits que s'il y a des bénéfices, ou, pour mieux dire, que les fruits et les bénéfices c'est la même chose; or, vous avez touché des dividendes à des époques où il n'y avait pas de bénéfices, donc les sommes qu'on vous a distribuées n'étaient pas des fruits; c'étaient purement et simplement des fractions du capital social.

Mais le premier devoir des commanditaires, c'est de verser leur mise et de la tenir toujours au complet (art. 26 du Code de commerce).

Lors donc que vous avez reçu, même de bonne foi, une somme qui a été distraite de votre mise, vous avez (involontairement sans doute) manqué à votre devoir, et lorsqu'on pourra s'en apercevoir, on vous obligera à rendre ces fractions du capital social qui vous ont été distribuées.

Vous voyez dès lors qu'il n'y a pas lieu d'invoquer la protection des art. 1378 et 2277 : ces deux articles ont en vue une situation qui n'est pas la vôtre.

Pour ne pas être astreints à rendre, il faudrait que vous eussiez reçu des fruits (art. 1378), et vous avez reçu des fractions du capital social.

Pour être protégés par la prescription quinquennale de l'art. 2277, il faudrait que vos dividendes fussent des revenus; mais on vous prouve qu'il n'y avait pas de bénéfices; donc l'art. 2277 est inapplicable.

Et si l'art. 2277 est inapplicable, quelle sera la prescription que pourront invoquer les actionnaires pour se protéger contre les poursuites des créanciers de la société?

Ce sera la prescription la plus longue du droit commun, édictée d'une manière générale pour tous les cas où un temps plus court n'a pas été fixé par une disposition spéciale de la loi, c'est-à-dire la prescription trentenaire.

Enfin, pensez-vous, voilà une limite au delà de laquelle on ne pourra pas remonter, et tout ce que nous aurons reçu il y a plus de trente ans nous sera définitivement acquis, sans que nous soyons exposés à voir discuter rétroactivement la question de savoir si la société avait ou n'avait pas fait de bénéfices.

Attendez, vous vous hâtez trop. Cette triste consolation même pourra bien vous être refusée.

N'oubliez pas, en effet, que le droit des créanciers de vous demander le rapport de ces fractions du capital social ne peut naître que si la société est dans l'impossibilité de payer ses dettes. Ce droit dépend donc d'une condition, la faillite de la société. Mais, aux termes de l'art. 2257, la prescription ne court pas à l'égard d'une créance qui dépend d'une condition jusqu'à ce que la condition arrive.

Donc, tant que la faillite de la société ne sera pas arrivée, la prescription ne courra pas.

Donc, si la société a été constituée pour trente ans, par exemple, qu'elle se liquide à l'expiration du temps fixé pour sa durée et qu'elle ne soit pas en état de payer ses créanciers, ceux-ci reconstitueront, année par année, le bilan des opérations ; ils verront que la première année, il y a trente ans de cela, il n'y a pas eu de bénéfice, et que cependant on a distribué des dividendes. Pour eux, ces dividendes ne sont que des fractions du capital social illégalement enlevées de la caisse de la société ; ils ont trente ans pour intenter leur action, et comme ces trente ans n'ont commencé à courir que du jour du déficit constaté, c'est-à-dire du jour de la faillite, ils pourront, la trentième année après la faillite, assigner en rapport les héritiers des actionnaires qui, la première année de la société, auront reçu des dividendes.

Or nous avons supposé à la société une durée de trente ans, nous avons vu que pendant trente ans le recours peut être exercé.

Donc la possession d'une action expose pendant soixante ans un actionnaire ou ses héritiers à la restitution d'un dividende touché, s'il est jugé que le dividende n'était pas acquis.

Le droit ainsi constaté à l'égard de tous les actionnaires, que leurs titres soient nominatifs ou au porteur, nous nous trouvons en présence des situations diverses qui peuvent résulter, en fait, de la nature des titres.

Les actionnaires dont les titres sont nominatifs n'auront évidemment aucun moyen d'éluder l'application des règles posées par la jurisprudence.

Les actionnaires dont les titres sont au porteur courront-ils moins de dangers?

Oui évidemment, puisque les créanciers ne

pourront s'adresser qu'à ceux qui seront reconnus avoir possédé les actions au moment de la distribution des dividendes réclamés, et que souvent il sera impossible de les connaître.

Mais il arrivera souvent aussi que les créanciers auront le moyen de les découvrir. Les procès-verbaux des assemblées générales où auront figuré des actionnaires fourniront contre eux des indices fort graves, des lettres écrites pour demander le paiement des intérêts et dividendes ; des notes tenues par le caissier de la société et indiquant les noms des actionnaires qu'il connaît et auxquels il aura versé les dividendes ; des inventaires, des partages contenant l'indication d'un certain nombre d'actions dépendant de la succession, tout cela pourra servir à retrouver la trace des porteurs et mettre les créanciers à même d'exercer leur recours.

En somme, si le droit est le même à l'égard des deux catégories d'actionnaires, la possession de titres au porteur pourra être moins dangereuse; mais si cette possession est constatée (et on voit que souvent elle pourra l'être), ils seront soumis au rapport comme ceux qui avaient des titres nominatifs.

Il n'est donc pas de propriété plus dangereuse, au point de vue des conséquences qu'elle peut entraîner, que la propriété d'actions dans une société en commandite.

C'est un grand malheur, diront les actionnaires d'une société anonyme; mais nous, du moins, nous ne sommes pas atteints par la jurisprudence, car les arrêts que vous citez n'ont été rendus que contre des actionnaires de sociétés en commandite.

C'est vrai, leur répondrai-je, mais ne vous réjouissez pas. Sans doute la question n'a pas été jugée contre vous; et il y a à cela une excellente raison, elle ne s'est pas présentée dans ces dernières années. Mais les auteurs qui ont soutenu que les actionnaires des sociétés en commandite doivent être soumis au rapport soutiennent qu'il en faut dire autant des actionnaires des sociétés anonymes, et, de fait, on ne verrait pas la raison d'une distinction, car la situation des uns et des autres est identiquement la même.

En effet, si on se fonde sur l'art. 26 du Code de commerce pour soumettre au rapport l'actionnaire d'une société en commandite, parce que, d'après cet article, sa mise doit toujours être entière, il en faut dire autant de l'actionnaire d'une société anonyme, qui, lui aussi, est tenu de la perte jusqu'à concurrence du montant de son intérêt (art. 33, Code de comm.).

Je l'ai dit, cependant, dans ces dernières années la question n'a pas été soumise aux tribunaux, et, par un arrêt du 11 février 1811, la Cour de Paris l'a implicitement jugée contrairement à la prétention des créanciers.

C'est un document précieux, à l'aide duquel, nous l'espérons du moins, on pourrait combattre le recours qu'ils voudraient exercer contre les actionnaires d'une société anonyme ; et comme la situation des actionnaires d'une société en commandite est identiquement la même, cet arrêt servira peut-être, tout à la fois, à arrêter la jurisprudence dans la voie où elle est entrée et à la faire revenir sur les décisions qu'elle a rendues contre les actionnaires des sociétés en commandite.

§ II

COMMENT S'EST ÉTABLIE LA JURISPRUDENCE QUI ADMET LA RESTITUTION DES DIVIDENDES.

Nous avons constaté l'état de la jurisprudence, voyons maintenant comment elle s'est établie et sur quels principes elle se fonde ; nous essaierons ensuite de démontrer qu'elle est aussi contraire au texte qu'à l'esprit de la loi éclairé par les discussions qui l'ont préparée.

Comment donc les Cours impériales et la Cour de cassation ont-elles été amenées à décider que l'actionnaire peut toujours être tenu de rapporter les dividendes qu'il a reçus de bonne foi, s'il est démontré plus tard qu'il n'existait pas de bénéfices au moment de leur distribution?

Je dis : comment les Cours ont-elles été amenées à établir cette jurisprudence? c'est qu'en effet elle ne s'est pas produite tout d'abord à l'occasion de la faillite d'une société en commandite par actions, mais bien à l'occasion de la faillite d'une société en commandite ordinaire. Or, par respect pour les précédents, et faute d'apercevoir la différence capitale qui existe entre les bailleurs de fonds, proprement dits, et les porteurs d'actions, on a cru devoir, bien à tort, décider, à l'égard de ces derniers, ce qui avait été décidé pour les premiers.

C'est en 1860 et devant la Cour de Saint-Denis (île de la Réunion) que se présente pour la première fois (nous le croyons, du moins) la question de savoir si le commanditaire peut être soumis au rapport des dividendes touchés par lui à une époque où il n'y avait pas de bénéfices. Mais il s'agissait alors d'une société en commandite entre le gérant associé en nom collectif et un seul bailleur de fonds. Celui-ci, indépendamment des intérêts de sa mise qu'il avait stipulés, avait fait pendant plusieurs années des prélèvements considérables, lorsque le gérant fut déclaré en faillite; mais il obtint un concordat de ses créanciers, et, la société ayant été dissoute, les comptes du commanditaire et du gérant donnèrent lieu à quelques difficultés, qui furent soumises à des arbitres et plus tard à la Cour de Saint-Denis. Le gérant demandait notamment que son commanditaire fût condamné au rapport des prélèvements par lui opérés, parce que, à l'époque de ces prélèvements, il n'existait aucun bénéfice, *ni même d'état de situation ou d'inventaire, qui fît connaître s'il en avait existé.*

La Cour impériale accueillit ce système, et le pourvoi formé contre son arrêt fut rejeté par la Cour de cassation dans les termes suivants :

« Sur le moyen tiré de la violation de l'art. 26 « du Code de commerce en ce que le commandi- « taire a été condamné à rapporter les sommes « qu'il avait reçues au delà des intérêts du capital « de sa commandite :

« Attendu qu'en admettant qu'en cas de faillite « de la société, le commanditaire ne soit pas « obligé de rapporter les sommes qu'il a reçues à « titre de bénéfices, il faut qu'il soit certain que, « par suite de la bonne situation de la société, « *dûment établie au moyen des écritures et inventaires* « prescrits par la loi, *il a dû penser* qu'en effet « c'était à bon droit que ces versements lui étaient « fournis ; qu'autrement les prélèvements qu'il « aurait perçus à titre de bénéfices, *sans ces véri-* « *fications et constatations*, seraient nécessairement, au cas de faillite de la société, sujets à rapport, « s'il est plus tard établi que l'état de la société « ne présentait pas de bénéfices, etc., etc. » (Cour de cassation, 25 novembre 1861. Dalloz, 1862, partie Ire, page 166.)

Dans l'état des faits que nous avons sommairement indiqués, on ne peut qu'approuver cette décision.

Deux personnes étaient en présence, un associé en nom collectif et un bailleur de fonds. En pareil cas, il n'y a pas et il ne peut pas y avoir de conseil de surveillance ni de rapports faits à une assemblée ; il n'y a pas de dividendes proprement dits distribués chaque année à des porteurs de titres étrangers par la force des choses aux opérations de la société, et obligés d'accepter la situation telle qu'on la leur présente. C'est le bailleur de fonds lui-même qui doit vérifier et arrêter, avec l'associé en nom collectif, les comptes de la société, s'assurer s'il y a des bénéfices, en déterminer le chiffre et opérer le *prélèvement* qu'il s'attribue (c'est le terme employé par l'arrêt).

On comprend que, dans une telle situation, si ce bailleur de fonds *n'a pas vérifié les inventaires*, ou que si, après les avoir vérifiés, il a fait des prélèvements qui diminuaient le chiffre de sa mise, il doive être tenu de rapporter les sommes qu'il a enlevées au capital social. Dans le premier cas, en effet, il est coupable de négligence, et il doit être responsable des conséquences fâcheuses qui en résultent; dans le second cas, il a commis une faute grave, et il doit la réparer; dans l'une et l'autre hypothèse, il faut qu'il rapporte ce qu'il a indûment touché.

Mais aucune des raisons qui motivent cette décision ne s'applique aux actionnaires qui ont reçu d'un gérant et d'un conseil de surveillance (seuls connus du public, seuls responsables vis-à-vis de lui, surtout depuis la loi du 17 juillet 1856) les dividendes attribués à leurs actions.

C'est une distinction que nous établirons plus tard, et que nous ne faisons qu'indiquer quant à présent. Mais la jurisprudence n'en a pas tenu compte, et les principes posés par l'arrêt de la Cour de cassation précité, du 25 novembre 1861, ont été appliqués à des espèces qui résistent à cette application.

Le 29 novembre 1861, la Cour de Rouen était

saisie, sur la poursuite des créanciers d'une société en faillite, d'une demande en rapport de dividendes qui auraient été distribués alors qu'il n'y avait pas de bénéfices. Il s'agissait, dans l'espèce, d'une société en commandite par actions, et la demande était dirigée contre les actionnaires ; la Cour de Rouen les a condamnés au rapport par les mêmes motifs que ceux qui avaient déterminé la Cour de cassation quelques jours auparavant, alors que la demande était dirigée contre un bailleur de fonds dans une commandite pure et simple, et la Cour de cassation, persistant dans sa jurisprudence, a rejeté le pourvoi formé contre cette décision, par arrêt du 3 mars 1863 (Dalloz, 1863, part. Ire, p. 125).

Voici quelques-uns de ses motifs :

« Attendu que dans une société commerciale, « les dividendes ne peuvent être que la part des « associés dans les bénéfices de l'association, et « que l'on ne doit point considérer comme di- « videndes des distributions faites alors qu'il « n'existe pas de bénéfices ; *que de telles distribu- « tions ne sont, en réalité, qu'un remboursement total « ou partiel fait aux associés de la mise sociale qu'ils « avaient versée et qui était le gage des créanciers.*

« Attendu que l'arrêt attaqué a fait une juste « application de ces principes ; qu'il est en effet « prouvé, dans l'espèce, que la société était en « perte à l'époque de la distribution des sommes « dont la restitution a été ordonnée, et que ce « n'est qu'au moyen d'inventaires frauduleux « que le gérant est parvenu à faire cette distri- « bution dont il *prélevait le montant sur le capital* « *social* ;

« Attendu que, dans ces circonstances, les as- « sociés commanditaires n'étaient à aucun point « de vue fondés à conserver les sommes par eux « reçues ; qu'en effet, aux termes de l'art. 1376 « du Code Napoléon, celui qui reçoit par erreur ou « sciemment ce qui ne lui est pas dû, est tenu de « le restituer, et que cette règle s'applique même « à celui qui a reçu de bonne foi, le seul bénéfice « de la bonne foi étant de dispenser celui qui « restitue du paiement des intérêts..... »

Il faut encore faire une remarque sur l'espèce dans laquelle est intervenu cet arrêt. Les créanciers critiquaient les distributions de dividendes qui avaient eu lieu de 1850 à 1856, c'est-à-dire à une époque où le législateur n'avait pas encore réglementé par une loi spéciale le mode d'administration des sociétés en commandite, à une époque, par conséquent, où la nécessité d'un conseil de surveillance, exerçant son contrôle dans l'intérêt des tiers et des actionnaires, et responsable vis-à-vis d'eux, n'existait pas encore.

Or, si nous ne connaissons pas les statuts de la société, tout porte à croire qu'ils n'avaient pas établi un conseil de surveillance. En effet, d'une part, le capital social n'était que 600,000 fr., et généralement des sociétés aussi peu importantes n'avaient pas de conseil de surveillance ; d'autre part, ni dans l'exposé des faits, ni dans les motifs de l'arrêt il n'est dit un mot de ce conseil. Les actionnaires devaient donc exercer par eux-mêmes la surveillance, et, dans tous les cas, nous le répétons, le conseil établi par la loi de 1856 pour la garantie des tiers et avec des fonctions et une responsabilité qui s'interposent entre les créanciers et les porteurs d'actions, ce conseil n'existait pas encore. Ces considérations de fait pourraient jusqu'à un certain point expliquer comment la Cour de cassation a été amenée à rendre une semblable décision et faire espérer que si elle était saisie de la même question pour des dividendes distribués sous l'empire de la loi du 17 juillet 1856, elle hésiterait à persévérer dans sa jurisprudence.

Mais ces raisons de fait n'existaient pas dans l'espèce qui a été jugée, par la Cour de Caen, dans son arrêt du 16 août 1864, dont nous avons rapporté le sommaire.

En effet, la Cour se trouvait là en présence d'une société en commandite par actions au porteur, organisée conformément à la loi de 1856. Il n'y a donc plus de doute désormais sur la portée de la jurisprudence. C'est ainsi que, par degrés, en partant d'un principe exact, formulé dans l'art. 26 du Code de commerce et justement appliqué à une espèce en vue de laquelle il a été édicté, la jurisprudence est arrivée à des solutions contre lesquelles protestent des principes spéciaux qui ont été méconnus et la force même des choses, dont il faut cependant tenir compte.

En résumé, voici la marche de cette jurisprudence :

Elle décide d'abord que dans une société où il n'y a qu'un associé en nom collectif et UN bailleur de fonds, si celui-ci, sous forme e prélèvement, a retiré tout ou partie de sa mise, alors qu'il n'y avait pas de bénéfices, il peut être condamné, sur la demande de l'associé en nom collectif, à lui rendre ce qu'il a indûment perçu.

Cette décision nous semble conforme à tous les principes en matière de société.

La jurisprudence décide ensuite que les *actionnaires* peuvent être condamnés au rapport des dividendes qu'ils ont reçus à une époque où il n'y avait pas de bénéfices.

C'est, à nos yeux, une première atteinte aux principes ; mais elle s'explique jusqu'à un certain point par des considérations de fait, et, restreintes dans les termes où elle se pose, elle n'offrirait pas de grands dangers, puisqu'elle s'est formulée dans une affaire où il s'agissait d'une société *sans conseil de surveillance* et, dans tous les cas, de dividendes touchés avant la mise en vigueur de la loi de 1856.

Mais, aujourd'hui, le dernier pas est franchi : il est jugé que, lorsqu'une société en commandite par actions s'est régulièrement constituée sous l'empire de cette loi, qu'elle a fonctionné avec un conseil de surveillance investi de tous les pouvoirs qu'elle lui donne, soumis à toutes les responsabilités qu'elle lui impose, les actionnaires et leurs héritiers peuvent être toujours sous le coup d'une action en restitution des dividendes qui leur ont été distribués s'il est décidé, par une appréciation rétroactive des opérations, qu'à l'époque de la distribution la société n'avait pas de bénéfices, ou plutôt que ces bénéfices ne devaient pas être considérés comme acquis.

L'origine et la nature des sociétés en commandite, le but qu'elles poursuivaient et qu'elles ont réalisé, l'absence complète, dans les anciens auteurs ou dans les recueils de jurisprudence, de décisions semblables à celles que nous critiquons, les caractères spéciaux qui appartiennent aux sociétés dont le capital est divisé par actions, l'exposé des motifs de la loi de 1856, le rapport de la commission et la discussion au Corps législatif; tout nous fait croire que c'est là une jurisprudence erronée, et nous espérons le démontrer.

§ III

DE L'ORIGINE ET DE LA NATURE DE LA COMMANDITE.

M. Troplong explique ainsi l'origine de la société *en commandite :*

« Les lois canoniques, par une réaction contre « l'usure, ce fléau de la civilisation romaine et de « toutes les civilisations barbares, les lois cano- « niques avaient défendu le prêt à intérêt : elles « avaient frappé l'argent de stérilité. . . . .

. . . .

« Dans cet état, la société en commandite se « présenta naturellement pour les tirer de leur « inaction. Des pères de famille, des magistrats, « des nobles, des militaires, voulant augmenter « leur bien-être par le profit de leur argent, le « mettaient en commandite chez un marchand de « bon renom ; cet argent fructifiait, et ces per- « sonnes trouvaient commode de retirer des bé- « néfices du commerce sans être commerçants. « *Cachés derrière le voile de l'anonyme, inconnus des*

« *tiers, qui n'avaient affaire qu'avec le marchand* « *commandité*, elles n'avaient aucune responsabi- « lité personnelle ; à la fin de l'année elles se fai- « saient rendre compte et recevaient leur part de « bénéfices. On peut dire que la commandite a « été, dans le moyen âge et dans l'ancien ré- « gime, un mobile puissant pour remuer les ca- « pitaux et leur donner de l'élan et de la viva- « cité. »

Ainsi, la *société en commandite* a été imaginée pour assurer l'irresponsabilité des bailleurs de fonds, et dans ce but on leur a permis de se cacher *derrière le voile de l'anonyme*. C'est un point qu'il importe de signaler, car nous y reviendrons plus tard lorsque nous aurons à démontrer que la société en commandite et la société anonyme placent les actionnaires dans une situation identique, et que la différence qui existe entre ces deux sociétés ne les concerne en rien.

La société anonyme n'est qu'une association de capitaux sans responsabilité de personnes ; de là la nécessité d'obtenir l'autorisation du gouvernement, pour constituer une personne morale qui ne s'incarne dans aucun associé responsable.

La société en commandite, au contraire, se

compose de deux éléments, l'élément collectif et personnel, responsable vis-à-vis du public qui traite avec lui; l'élément irresponsable, représenté par les actionnaires, qui sont dans la même situation que les actionnaires des sociétés anonymes proprement dites. Et si l'autorisation du gouvernement n'est pas exigée pour ces sociétés, c'est précisément à cause de l'élément personnel et responsable qui s'y trouve.

Mais dans le pays d'origine de la commandite, en Italie, on ne connaissait pas ces deux sociétés avec leurs caractères particuliers, et la société en commandite proprement dite, telle que nous la connaissons aujourd'hui, est indistinctement appelée par les anciens auteurs *société en commandite* ou *société anonyme*. Il en était de même, dans notre ancien droit, sous l'empire de l'ordonnance de 1673; et s'il a existé, avant le Code de commerce, quelques sociétés anonymes, telles que celles du Sénégal, des Indes, de Cayenne, ces sociétés ne formaient point une classe à part, désignée par une dénomination qui leur fût propre et soumise à des règles écrites dans les lois communes. Chacune d'elles était constituée le plus souvent d'après l'initiative du gouvernement, et recevait une dénomination tirée de l'objet même pour lequel elle avait été formée, comme celles que nous venons de citer.

Mais les définitions que les anciens auteurs donnent de la société en commandite ou anonyme, qui, pour eux, se confondaient, sont bonnes à rappeler :

« Il y a commandite quand l'affaire est gérée « au nom d'un autre que le commanditaire. Dans « ce cas, le commanditaire n'est pas autre chose « qu'*un créancier du capital versé.* »

(*Ansaldus de Ansaldis*, disc. 29, n° 22.)

« La commandite ne signifie pas autre chose « qu'un dépôt en vue d'une affaire à entreprendre. Le commanditaire est associé pour les « fonds qu'il a mis dans l'entreprise, mais par « l'effet d'une participation et non d'une copropriété. *Toutes les fois que les commanditaires ne « sont pas nommés*, on ne peut pas dire que les « créanciers aient traité avec *ces participants anonymes*, mais seulement avec la raison sociale « ou avec les associés nommés; c'est pourquoi, « dans ce cas, les commanditaires ne peuvent « être tenus envers ces mêmes créanciers, si ce « n'est à raison de la chose ou de ce capital dé-

« terminé avec lequel ils ont contribué à former « cette raison sociale, cette personne fictive et « imaginaire, avec laquelle seule traitent les « créanciers. »

(*Idem*, disc. 98, n°s 58 et 59.)

Ces citations, qu'il serait facile de multiplier, montrent assez nettement quelle était, dans le pays d'origine de la commandite, la situation des associés commanditaires, qui voulaient rester cachés au public, pour qu'il nous soit permis de dire que ce n'est pas dans l'ancien droit qu'on trouvera un seul argument en faveur de la jurisprudence que nous combattons ; et on eût à coup sûr fort étonné les jurisconsultes de ce temps-là, si on leur avait dit qu'un jour on permettrait aux créanciers de rechercher et de dévoiler ces commanditaires pour leur demander compte des agissements de la société, de telle sorte que le plus ou le moins de solvabilité des personnes qui ne sont tenues *qu'à raison de la chose* mise dans cette société puisse rendre la situation des créanciers bonne ou mauvaise, après qu'ils auront épuisé la responsabilité des associés en nom.

Un semblable résultat est tellement contraire aux principes de l'ancienne jurisprudence que les décisions de la Rote de Gênes assimilent complétement *le commanditaire, le commettant, le déposant et le créancier* et qu'elles leur reconnaissent à tous, indistinctement, une action même contre *les associés* qui n'administrent pas. (*Stracha, de Mercatura,* décis. 39 de la Rote de Gênes.)

Dans cette ancienne jurisprudence, le commanditaire est donc en quelque sorte un créancier vis-à-vis des associés, un créancier d'une nature particulière qui expose son capital et n'en retirera rien si l'entreprise n'est pas heureuse, mais qui participera aux bénéfices, si elle réussit; il a une action contre tous les associés, bien loin d'être considéré lui-même comme associé; et vainement on chercherait une ligne, un mot qui, de près ou de loin, puisse faire supposer que les créanciers proprement dits, qui n'avaient traité qu'avec la raison sociale, eussent une action quelconque contre les commanditaires, *avec lesquels ils n'avaient pas traité* (comme le fait remarquer le passage que nous avons copié dans *Ansaldus de Ansaldis*), et qui, précisément, ne se sont pas nommés, pour que la considération de leurs personnes n'ait pu en rien influer sur le crédit de la société.

Si tels étaient les anciens principes, il faudra que nous trouvions des textes bien précis pour admettre qu'il y ait été dérogé à ce point que, même dans les commandites par actions, les porteurs de ces actions, inconnus *de droit*, soient toujours *de fait* sous le coup des poursuites que pourront exercer contre eux les créanciers.

Cette dérogation se trouve-t-elle dans l'ordonnance de 1673?

L'article 8, titre IV, de cette ordonnance était ainsi conçu :

« Les associés commanditaires ne sont tenus que jusqu'à concurrence de leur part. »

C'est la règle que nous avons trouvée dans les auteurs italiens, exprimée à peu près dans les mêmes termes; or cette règle, comme nous l'avons vu, est ainsi formulée par eux lorsqu'ils examinent les droits des créanciers vis-à-vis des associés et des commanditaires. Vis-à-vis des associés, leurs droits sont absolus; vis-à-vis des commanditaires, ils n'ont aucuns droits, parce que ceux-ci sont inconnus et que, d'autre part, les créanciers n'ont pas traité avec eux. Cependant ces commanditaires, qui sont à l'abri de toute action, peuvent perdre ce qu'ils ont versé dans la société; ils sont tenus *à raison de la chose* ou du capital engagé par eux, mais ils ne sont tenus que jusqu'à concurrence de ce capital : telle est la forme restrictive sous laquelle l'ordonnance détermine l'étendue de leur engagement.

Mais, sous l'empire de cette ordonnance, rien ne trahit les préoccupations qui ont surgi depuis sur le droit des créanciers d'exiger que la part de chaque commanditaire soit toujours au grand complet, de telle sorte qu'ils puissent l'actionner en rapport de ce qui en aura été distrait, si, à une époque quelconque, le capital social paraît avoir été diminué.

C'est qu'en effet un droit pareil contre les commanditaires ne tend à rien moins qu'à les rendre responsables des actes des gérants; mais précisément le caractère de la commandite résiste à cette responsabilité.

Le commanditaire n'est tenu que jusqu'à concurrence de sa part. Cela veut bien dire, sans doute, qu'il est tenu *jusqu'à concurrence de sa part;* mais cela ne veut pas dire que si cette part a été amoindrie par le gérant, les créanciers, qui ne connaissent pas le commanditaire, pourront chercher à le découvrir pour le contraindre à rapporter ce qui manque. Ils n'ont traité qu'avec le gérant, ils ne peuvent pas invoquer d'autre responsabilité que la sienne, qu'il ait amoindri par des opérations malheureuses ou par des distributions intempestives le capital qui lui avait été confié.

Voilà le droit sous l'empire de l'ordonnance de 1673, et on ne nous montrera pas que cette formule : « Les associés commanditaires ne sont tenus que jusqu'à concurrence de leur part, » ait été jamais entendue en ce sens qu'ils pouvaient être tenus de verser une seconde fois cette part si, le gérant les trompant les premiers sur les bénéfices de la société, ils avaient reçu de lui des dividendes qui ne paraissaient pas justifiés.

§ IV

TRAVAUX PRÉPARATOIRES DU CODE DE COMMERCE. — OPINION DES AUTEURS DU PROJET DE LOI SUR LA SITUATION DES COMMANDITAIRES.

C'est au Conseil d'État, lors de la discussion du Code de commerce, en 1807, qu'apparaît pour la première fois une question qui, sans être la nôtre, présente avec elle une grande analogie, et qui a été résolue de manière à nous fournir des arguments péremptoires contre la jurisprudence que nous critiquons.

On discutait l'article 29 du projet (l'article 26 du Code) : « L'associé commanditaire n'est passible des pertes que jusqu'à concurrence des « fonds qu'il a mis ou dû mettre dans la société. »

Un membre du Conseil d'Etat désirait qu'on ajoutât à cet article une disposition qui permît au gérant de faire rapporter aux commanditaires les dividendes qu'ils auraient reçus si, la société venant plus tard à faire des pertes, le gérant se trouvait exposé à être poursuivi sur ses biens personnels par les créanciers de la société. Un semblable résultat lui paraissait inique, et il demandait qu'on reconstituât fictivement les comptes, pour que les bénéfices retirés de la caisse sociale fussent atteints avant d'engager la responsabilité personnelle du gérant.

Mais cette proposition fut repoussée comme contraire à la nature de la commandite, et par la raison que laissant le commanditaire dans l'incertitude sur le sort des dividendes par lui reçus jusqu'à la liquidation de la société, elle porterait la plus grave atteinte au crédit et détournerait les capitaux des sociétés en commandite.

Voici, du reste, l'extrait textuel du procès-verbal de la séance du Conseil d'Etat du 14 février 1807 :

« M. Bérenger demande s'il ne serait pas juste « de faire supporter au commanditaire une perte « égale, non-seulement aux fonds qu'il a mis dans « la société, mais encore aux bénéfices qu'il en a « précédemment retirés.

« M. Regnaud de Saint-Jean d'Angely objecte « que ces bénéfices sont réputés consommés.

« M. Bérenger dit qu'une société peut avoir fait « pendant plusieurs années des bénéfices consi- « dérables, dans lesquels le gérant n'ait qu'une « faible part ; pourquoi, s'il venait une année « malheureuse, la perte tomberait-elle en entier « sur lui ?

« M. l'archi-chancelier dit qu'on ne peut ad- « mettre l'opinion de M. Bérenger sans changer « la condition du commanditaire. Elle consiste « essentiellement à ne pouvoir pas perdre plus « que les fonds qu'il a mis en société. Ainsi, faire « une année commune et *reprendre les bénéfices* « *touchés, peut-être consommés, ce serait porter les* « *engagements du commanditaire au delà des bornes* « *que leur donne le contrat.*

« Il importe de favoriser la société en com- « mandite, parce qu'elle assure surtout aux petits « marchands la ressource d'obtenir des fonds des « capitalistes. Aucun de ceux-ci ne voudrait plus « former de société en commandite, s'il lui fallait « courir de semblables chances.

« M. Regnaud de Saint-Jean d'Angely dit qu'as- « surément personne ne voudrait s'exposer à rap- « porter peut-être après dix ans le dividende qui

« a servi à pourvoir à ses dépenses journalières,
« à ses besoins.

« M. Bérenger dit que le public ignore quelle « est dans la société la part des gérants; il l'a « crue plus considérable qu'elle ne l'est; et, dans « cette croyance, il a ouvert un crédit à la société. « Cependant un malheur survient, le commandi- « taire a pris les bénéfices *et il ne reste plus rien* « *pour les créanciers* : n'est-il pas à craindre avec « un pareil système que tout crédit soit perdu « pour les sociétés en commandite?

« M. Cretet répond que ce *système éxiste*, et « que néanmoins les sociétés en commandite ob- « tiennent du crédit.

« M. Bérenger retire sa proposition.

« L'article est adopté. »

Il est impossible de trouver rien de plus clair et de plus positif. Ce n'est pas par des arguments tirés des principes généraux du droit que l'on combat la proposition de M. Bérenger, ils lui donnaient peut-être raison; c'est par des principes spéciaux tirés de la nature du contrat, de la situation du commanditaire, c'est par des arguments plutôt économiques que juridiques.

Mais si ces arguments ont triomphé devant le législateur de 1807, alors qu'il n'avait en vue que les intérêts fort respectables, à coup sûr, mais fort limités du petit commerce, pense-t-on qu'ils auraient moins de puissance aujourd'hui sur l'esprit des mêmes hommes, s'ils voyaient l'essor prodigieux qu'ont pris de nos jours les sociétés, les milliards qui leur sont confiés, les travaux qu'elles ont exécutés et qu'ils fussent en présence d'une proposition qui aurait pour résultat de tout paralyser et de tout détruire.

On m'objectera, je le sais, que le Conseil d'Etat, en 1807, n'avait pas en vue l'hypothèse qui est la nôtre, c'est-à-dire celle où les dividendes distribués n'étaient pas acquis, mais bien l'hypothèse où les dividendes avaient été réellement pris sur des bénéfices. J'ai déjà fait moi-même cette remarque. Mais il n'est pas une seule des raisons invoquées devant le Conseil d'Etat qui ne s'applique à l'une et à l'autre hypothèse.

Le Conseil d'Etat n'a pas voulu qu'on pût éloigner les capitaux des commandites, en soumettant le commanditaire à *rapporter, peut-être après dix ans, le dividende qui a servi à pourvoir à ses besoins, à ses dépenses journalières.*

Eh bien, ne sera-ce pas détourner les capitaux des sociétés que de dire, comme le fait la jurisprudence, que l'actionnaire sera soumis *après* 20, 30, 40, 60 *ans et plus, à rapporter le dividende qui a servi à pourvoir à ses besoins, à ses dépenses journalières?*

Evidemment oui, n'est-ce pas? et dès lors, en vertu de cette maxime de bon sens et de raison qui est par cela même une maxime juridique : *Ubi eadem ratio, idem jus esse debet,* où il y a les mêmes motifs, le droit doit être le même ; il faut dire que l'actionnaire de bonne foi ne peut pas être recherché pour rapporter les dividendes qu'il a reçus, lors même qu'il serait établi après coup qu'il n'y avait pas de bénéfices le jour où ils ont été distribués.

Mais il y a mieux : si l'on pénètre au fond des choses, cette situation est la même que celle qui a été envisagée par le Conseil d'Etat.

En effet, où est-il dit que les sociétés peuvent

légalement faire chaque année une liquidation dont les résultats seront définitifs?

Où est-il dit que, tous les ans, au 31 décembre, les sociétés peuvent établir leur situation et distribuer les bénéfices qui seront accusés ce jour-là, sans qu'ils soient soumis à aucune répétition, sauf à faire des pertes l'année suivante, lesquelles ne seront pas couvertes par les bénéfices des années heureuses? Où est-il dit, en un mot, que, pour savoir si une société est en perte ou en bénéfice, il ne faut pas attendre sa dissolution, parce que chaque année qui finit est un terme fatal qui classe irrévocablement les résultats de la période expirée dans la catégorie des pertes ou des bénéfices?

Cela n'est dit nulle part.

Donc, on ne sait réellement si une société a fait des pertes ou des bénéfices qu'à la fin des opérations;

Donc, tout ce qui a été versé les années où il y a eu des bénéfices cesse d'être *bénéfice* si, à la fin de la société, celle-ci ne représente plus aux créanciers, en cas de faillite, l'intégralité de son capital social;

Donc, logiquement, avec la jurisprudence, il faudrait faire rapporter les dividendes touchés, sans distinction entre ceux qui ont été distribués, lorsque l'inventaire accusait des profits pour l'année écoulée et ceux qui ont été distribués, lorsque l'inventaire constatait un résultat défavorable, car ces dividendes n'étaient pas en réalité des bénéfices ; et la preuve, c'est qu'à la dissolution le capital n'est pas complet.

Mais cette logique rigoureuse a été et devait être repoussée par le législateur de 1807, parce qu'elle rendrait impossible l'existence des sociétés en commandite. Il faut donc repousser également, et par les mêmes motifs, cette jurisprudence qui baptise bénéfices acquis les sommes distribuées le 31 décembre 1861, par exemple, bien que, le 1er janvier suivant, des faillites, des événements désastreux viennent diminuer de moitié le pital social, et qui fait rapporter les dividendes reçus l'année suivante, si au 31 décembre 1862 le capital n'est pas complet, bien que le 1er janvier 1863 des événements, heureux cette fois, aient reconstitué, au moins pour un temps, le capital social !

Cette qualification de bénéfices acquis ou non acquis, suivant le jour auquel on examine, pendant sa durée, l'état de la société, est donc purement arbitraire; et si la force des choses voulait, comme l'a reconnu le Conseil d'Etat, qu'on ne rapportât pas les dividendes, cela doit s'entendre en ce sens que les actionnaires de bonne foi ne doivent jamais être tenus au rapport des sommes qui leur ont été distribuées par les gérants.

---

§ V

DE LA DISTINCTION ÉTABLIE PAR UN ARRÊT ENTRE LES COMMANDITES SIMPLES ET LES COMMANDITES PAR ACTIONS.

La jurisprudence refusa d'abord de se soumettre à l'opinion si nettement formulée par le Conseil d'État au sujet de la proposition de M. Bérenger, dans la séance du 14 février 1807, dont nous avons transcrit le procès-verbal.

Le premier livre du Code de commerce, promulgué le 20 septembre 1807, ne devint exécutoire qu'à partir du 1er janvier suivant. Dans l'intervalle, la Cour de Rouen fut appelée à se prononcer sur la question même qui avait été agitée au sein du Conseil d'État, et elle lui donna une solution contraire au système qui avait prévalu dans cette assemblée. Elle décida par un arrêt du 14 novembre 1807, qu'en cas de faillite d'une société en commandite, le commanditaire,

4

qui avait reçu des dividendes *ou même des intérêts* à une époque où il y avait réellement des bénéfices acquis, devait être astreint à rapporter les intérêts et les dividendes, parce que ce n'était qu'à l'expiration de la société qu'on pouvait savoir si elle était en perte ou en bénéfice ; que les distributions faites pendant sa durée n'avaient qu'un caractère provisoire et ne conféraient pas un droit irrévocable aux commanditaires.

Cet arrêt fut déféré à la Cour suprême, qui en prononça la cassation par deux ordres de motifs, les uns applicables au rapport des intérêts, les autres au rapport des dividendes.

Quant au rapport des intérêts, la Cour s'est fondée sur ce que l'acte social contenait une stipulation expresse que chaque associé les prélèverait chaque année, qu'ainsi les créanciers avaient dû la connaître ; que, d'ailleurs, cette stipulation était d'un usage pour ainsi dire général ; *qu'il serait effrayant et contraire au bien du commerce de faire courir à des commanditaires le risque de rapporter plusieurs années d'intérêts dont le prélèvement aurait été stipulé, fait légitimement et consommé de bonne foi ; que ce serait d'ailleurs obliger le comman-*

ditaire au delà de sa mise qu'il aurait toujours laissée entière dans la société, et qu'il ne s'était obligé à fournir qu'avec la condition d'en retirer l'intérêt.

Quant au rapport des dividendes proprement dits, la Cour s'est fondée également sur une clause du pacte social qui permettait à chaque intéressé de prélever à chaque inventaire sa part des bénéfices acquis, et principalement sur la discussion qui avait eu lieu au Conseil d'État.

Enfin, le dernier des considérants de l'arrêt était comme une pierre d'attente pour le système qui s'est produit depuis et que nous combattons aujourd'hui. Ce considérant est celui-ci : « Que la « seule ressource des créanciers, qui prétendraient « le rapport des dividendes distribués serait de « prouver qu'il *n'existait point de bénéfices à l'époque* « *où on en aurait supposé* pour en faire le partage. » (Cass. 14 fév. 1810, Journ. Pal., à sa date.)

Par suite de la cassation de l'arrêt de la Cour de Rouen, l'affaire fut renvoyée devant la Cour de Paris, qui adopta le même système que la première, malgré l'autorité de la Cour suprême ; elle décida ainsi que « le commanditaire qui, conformément au pacte social, a reçu les intérêts de ses fonds et les bénéfices ACQUIS avant la faillite de la société, peut être tenu d'en faire le rapport à la masse des créanciers. » (Cour de Paris, 11 février 1811, Journ. Pal., à sa date).

Si nous avons retracé les phases de ce procès, qui ne fait que toucher à notre question, ce n'est pas dans le vain désir d'être complet et de montrer que nous avons étudié tout ce qui s'y rattache, mais cette affaire nous a paru bonne à signaler à cause des réflexions qu'elle fait naître et des conclusions qu'elle permet de tirer.

La marche de la jurisprudence est en effet très-instructive et mérite d'être étudiée.

Attachée surtout aux principes généraux, elle refuse d'abord d'admettre les principes spéciaux qui avaient été mis en lumière au Conseil d'État et qui doivent, par la force des choses, régir les sociétés en commandite, telles que nous les connaissons aujourd'hui, aussi bien que les sociétés anonymes. La Cour de Rouen décide donc très-logiquement (nous l'avons déjà fait remarquer à propos de la discussion de l'art. 26 au Conseil d'État), que, participant à tous les profits, en raison de son intérêt dans la société, le commanditaire doit également participer à toutes les pertes ; qu'on devrait n'estimer profit réel de société que ce qui reste de gain, toutes pertes déduites, sur tous les profits des diverses affaires de la société, que dans une société contractée pour une série d'opérations, ces opérations, les unes heureuses et les autres désavantageuses, se compensent mutuellement, et qu'il faut balancer tous les résultats particuliers de chaque année pour trouver le résultat unique et véritable de toute la durée de l'association : résultat final qui seul apprend s'il y a effectivement bénéfice ou perte.

Ce raisonnement est très-logique ; mais comme il aurait pour effet de tuer les sociétés en commandite et que l'intérêt public veut qu'elles vivent, le Conseil d'État a pris soin d'en répudier l'application ; il a préféré l'existence utile des sociétés en commandite aux déductions abstraites d'une logique rigoureuse. Aussi l'arrêt de Rouen, qui n'a pas voulu se rendre à la pensée du législateur, n'a-t-il pu trouver grâce devant la Cour de cassation.

Mais malgré son autorité, la Cour de Paris a

repris et développé la thèse de la Cour de Rouen, tant il est difficile de lutter contre certaines habitudes d'esprit.

Nous devons seulement faire remarquer que cette affaire se présentait dans des circonstances de fait qui ne justifient pas, mais qui expliquent la résistance des Cours impériales. Il ne s'agissait pas alors d'une société en commandite par actions, formée pour un grand nombre d'années, mais bien d'une commandite pure et simple entre un associé en nom collectif et DEUX BAILLEURS DE FONDS pour SIX ANNÉES seulement ; ces circonstances ont eu évidemment une certaine influence sur l'esprit des magistrats.

Ce qui le prouve, c'est que la théorie qu'ils consacrent a été bientôt abandonnée et qu'aujourd'hui tout le monde paraît d'accord sur ces deux points :

1° Que les *intérêts* peuvent être versés aux actionnaires, même lorsqu'il n'y a pas de bénéfices, si les statuts portent qu'ils seront prélevés chaque année.

2° Qu'une société en commandite peut très-légalement établir chaque année et d'une manière définitive, son état de situation et que, si cet état constate des bénéfices, la distribution qu'elle en fait à ses commanditaires est à l'abri de toute critique et que les créanciers ne peuvent jamais en exiger le rapport.

C'est donc un premier pas très-important qui a été fait par la jurisprudence, et il importe de le constater. En effet, si, comme nous l'avons déjà dit, à ne considérer que les principes généraux du droit, il est purement arbitraire de soutenir que le résultat de chaque inventaire annuel établit *définitivement* le compte des opérations de la société pour l'année écoulée, de façon que les bénéfices de cette année, lorsqu'ils ont été distribués, ne puissent jamais être réclamés, les années suivantes, en cas de perte du capital social, et si cependant un tel système A ÉTÉ ET A DU ÊTRE admis par le Conseil d'Etat (qui a constaté que tel était l'usage) non pas en vertu des principes rigoureux du droit, mais par l'impossibilité de faire autrement, dès qu'on voulait maintenir les sociétés en commandite ; il n'est pas plus arbitraire et il est aussi nécessaire de reconnaître que, dans les sociétés par actions, toute distribution faite aux actionnaires de bonne foi par le gérant responsable, leur sera définitivement acquise.

Or, la jurisprudence, qui a résisté d'abord sur le premier point, a fini par se rendre ; il y a donc lieu d'espérer qu'avant peu il en sera de même pour le second point et qu'elle reconnaîtra qu'il est impossible d'exiger, dans aucun cas, d'un porteur d'actions, la restitution des dividendes qu'il aura reçus et consommés de bonne foi.

C'est, du reste, on se le rappelle, ce que décide implicitement la Cour de Paris par son arrêt du 11 février 1811 en vue du cas où le rapport des dividendes serait demandé par les créanciers d'une société anonyme aux actionnaires de cette société.

On lit, en effet, dans cet arrêt, les motifs suivants :

« Considérant qu'il ne faut point assimiler les « sociétés ordinaires en nom collectif et en com« mandite aux *sociétés extraordinaires et compagnies* « *de banque;* que ces compagnies sans nom, qui

« sont nécessairement publiques, créées et con-
« stituées avec l'approbation du gouvernement,
« ont un régime propre, fondé sur la loi de leurs
« établissements, et que personne ne peut
« ignorer ;

« Que le capital de ces sociétés anonymes est
« divisé en actions et même en coupons d'actions,
« produisant un intérêt appelé *dividende* ;

« Que les actions sont pour l'ordinaire *payables
« au porteur et qu'elles se négocient journellement* ;

« Que l'établissement venant à manquer, il ne
« serait pas possible d'obliger le dernier porteur
« ou propriétaire au rapport de tous les divi-
« dendes touchés par ses prédécesseurs ;

« Qu'en pareil cas, l'actionnaire n'est ni ne
« doit être passible que de la perte de son ac-
« tion ;

« Qu'il y a donc une différence sensible entre
« les sociétés privées de commerce et les sociétés
« privées de banque, et qu'en matière de rapport
« surtout, il n'y a aucune conséquence à tirer des
« unes pour ou contre les autres. »

Voilà qui est clair : il faut faire une distinction

entre les sociétés privées ordinaires et les grandes sociétés dont le capital social est divisé en actions et qui étaient toujours, en 1811, des sociétés anonymes.

Pourquoi cela ?

Est-ce parce que l'anonymat de la société conférerait aux actions un privilège particulier et mettrait les porteurs dans une situation autre que les porteurs d'actions dans une société en commandite ?

Pas le moins du monde; c'est uniquement parce que, dans la pensée de la Cour, qui statue en vue de ce qui se faisait ordinairement, le capital social n'est divisé en actions que dans les sociétés anonymes ; mais, comme c'est ce mode de division du capital qui modifie les droits des créanciers, s'il se rencontre dans les sociétés en commandite, il doit évidemment y produire le même effet.

Lors donc, disons-nous avec l'arrêt, *que le capital social est divisé en actions produisant un intérêt appelé dividende; que ces actions peuvent être payables au porteur et qu'elles se négocient journellement;* si l'établissement *vient à manquer, l'actionnaire n'est ni ne doit être possible que de la perte de son action.*

Cette conséquence n'a du reste échappé à personne, et elle a donné lieu, en 1830, à une vive controverse. On s'est demandé à cette époque si les sociétés en commandite pouvaient diviser leur capital en actions au porteur, et le doute venait précisément de ce que, si on leur laissait cette faculté, elles constitueraient de véritables sociétés anonymes à l'égard des porteurs d'actions.

Mais cette considération, vraie en fait, n'a pas empêché de reconnaître, en droit, la légalité parfaite de la division en actions au porteur du capital des sociétés en commandite, et depuis cette époque, il s'est établi un si grand nombre de sociétés de ce genre qu'en 1856, le législateur n'a fait que constater et réglementer un état de choses préexistant.

Il n'est cependant pas inutile de se reporter à l'époque de la lutte pour connaître toutes les raisons qui ont été invoquées de part et d'autre ; nous trouverons, dans cette étude, des arguments, selon nous, irrésistibles contre la jurisprudence qui soumet l'actionnaire de bonne foi au rapport de ses dividendes.

VI

LA DIVISION EN ACTIONS DU CAPITAL DES COMMANDITES CONSTITUE A L'ÉGARD DES ACTIONNAIRES UNE VÉRITABLE SOCIÉTÉ ANONYME ET LES MET A L'ABRI DE TOUT RECOURS.

En 1830, on en était encore à se demander si les sociétés en commandite pouvaient diviser leur capital social en actions au porteur. Les jurisconsultes les plus éminents étaient partagés sur la question, et dans une consultation énergique, MM. Persil père et Dupin aîné, alors avocats, soutenaient la négative contre MM. Dupin jeune, Odilon, Barrot et Desvaux (du Cher), qui avaient donné une consultation dans le sens de l'affirmative.

Les partisans de la négative se fondaient sur les arguments suivants :

Dans la commandite, les personnes s'associent en considération les unes des autres. L'art. 23 du

Code de commerce en offre la preuve, puisqu'il dit que cette société *se contracte* entre un ou plusieurs associés responsables, et un ou plusieurs simples bailleurs de fonds. Or, dès qu'il y a *contrat* entre plusieurs personnes, ces personnes doivent se connaître pour arrêter leurs conventions et agir dans un but commun. Il ne peut donc pas être permis de constituer des sociétés en commandite par actions au porteur, car ce serait le moyen de faire que les associés ne se connussent jamais.

D'un autre côté, les tiers ne sauraient à qui s'adresser pour exercer les recours que la loi leur assure dans certains cas contre les commanditaires ou bailleurs de fonds, en sorte que ceux-ci seraient dans une situation semblable à celle des actionnaires d'une société anonyme, ou, pour mieux dire, que la division par actions au porteur du capital des sociétés en commandite, constituerait un véritable anonymat ; ce qui ne peut pas être, puisque l'existence des sociétés anonymes est subordonnée à l'autorisation du gouvernement.

Enfin, les associés commanditaires pourraient toujours, sans responsabilité, s'immiscer dans l'administration malgré les plus sévères prohibitions du législateur et au risque de porter une funeste subversion dans l'organisation de la commandite.

A ces trois ordres d'arguments, les partisans de l'affirmative faisaient des réponses péremptoires.

Tout l'engagement personnel du commanditaire, disaient-ils, est de payer à la commandite ce qu'il a promis d'y verser : a-t-il acquitté cette obligation, aucun lien personnel ne l'attache au commandité ni à ses co-bailleurs de fonds. L'argument tiré du texte de l'art. 23 du Code de commerce pèche donc par sa base en ce qu'il suppose, dans la commandite, une association de personnes, tandis qu'il n'y a qu'une association de capitaux; sans doute, ces capitaux, matière inerte, ne peuvent entrer dans la commandite que par la main des personnes qui les y versent; mais ce versement opéré, la promesse personnelle du commanditaire, ainsi accomplie, aucun lien personnel ne subsiste contre le commanditaire.

Dans la société collective, la considération des personnes prédomine; on ne s'associe pas à une responsabilité solidaire et illimitée, sans se connaître.

Au contraire, dans la société anonyme, où les choses seules sont responsables, les propriétaires de ces choses n'ont nul besoin de se connaître.

Entre ces deux sociétés se place la commandite qui participe évidemment de l'une et de l'autre. Elle emprunte à la société collective, l'association des personnes et la responsabilité solidaire entre les gérants ; elle prend à la société anonyme la responsabilité des choses seulement, pour les propriétaires qui les y engagent ; et si les gérants doivent se connaître parce qu'ils se choisissent, comme dans la société collective, les propriétaires des choses, qui ne s'associent en rien à la responsabilité des gérants, n'ont nul besoin, pas plus que dans l'anonyme, de se connaître entre eux, ni de se lier avec les gérants par un lien de choix et des raisons de considération personnelle.

Le gérant ne s'adresse au capitaliste que pour lui dire par la voie d'un prospectus : « Qui veut souscrire pour tant d'actions, à tel prix, dans telle entreprise, sous la gestion collective et solidaire de telles personnes ? »

Il est donc évident que la commandite n'exige pas plus que l'anonyme la manifestation publique des personnes qui confient leurs fonds aux gérants de la commandite ou aux administrateurs de l'anonyme.

Cette manifestation inutile pour la formation du contrat social de commandite, soit entre les gérants, soit entre les bailleurs de fonds et ses gérants, serait-elle nécessaire au respect du public ?

Le public a deux responsabilités à exercer :

1° La responsabilité qui pèse sur les gérants d'une manière indéfinie, et qui engage non pas seulement leur mise sociale, mais encore leur fortune individuelle ;

2° La responsabilité qui absorbe tout le capital social composé de toutes les actions prises par les capitalistes.

Tout capitaliste qui souscrit pour une action s'engage personnellement pour toute la somme promise au paiement de cette action : de là résulte qu'il y a une obligation de l'actionnaire, envers le public, de payer le prix de son action ; mais c'est la seule obligation positive que contracte le bailleur de fonds.

S'il n'est que souscripteur d'une action qu'il s'oblige de prendre, il y a une obligation personnelle, qui subsiste pendant tout l'intervalle de temps qui s'écoule entre la promesse et son accomplissement par le paiement du prix de l'action; alors le souscripteur doit être nécessairement connu.

Mais aussitôt qu'il a réalisé sa promesse par le paiement, il est dans le même cas que celui qui, sans faire de promesse, se fait délivrer immédiatement une action, en la payant comptant.

Or, du principe que, dans la commandite, le bailleur de fonds qui paie comptant son action ne laisse survivre à ce paiement aucune obligation positive de sa part envers la commandite, il résulte que l'action peut être au porteur, car l'action nominative ne pourrait se motiver que sur la nécessité de connaître le propriétaire de l'action.

Il n'y a pas à se préoccuper de cette objection qu'une société en commandite dégénérerait ainsi en anonyme, sans l'autorisation du gouvernement, exigée par la loi. En effet, si cette autorisation est nécessaire pour pouvoir constituer une société anonyme, c'est qu'il ne s'y trouve aucun élément personnel et responsable, que tout se réduit à une association de capitaux; mais dans la société en commandite, s'il y a de simples bailleurs de fonds, il y a à côté, ou plutôt au-dessus d'eux des gérants responsables connus du public, et dès lors il ne peut pas être question de faire intervenir le pouvoir pour autoriser ces gérants à opérer, soit avec leurs capitaux, soit avec les capitaux qui leur sont confiés.

Cela étant, qu'importe au public que le titre de propriété de ces capitaux soit nominatif ou au porteur, transmissible par un transfert ou transmissible par simple tradition? Dès qu'une action est payée, le porteur ne devant supporter que la perte de son argent, n'a plus de rapports avec la masse des créanciers de la société collective des gérants; en cas de faillite de ceux-ci, il est donc tout à fait inutile de le connaître.

Cette théorie s'accorde parfaitement avec les textes de la loi; en effet, l'art. 25 du Code de commerce dit que le nom d'un associé commanditaire ne peut faire partie de la raison sociale; et d'après l'art. 26, il n'est passible des pertes que jusqu'à concurrence des sommes qu'il a mises ou dû mettre dans la société.

La mise seule est donc responsable ; et quand la mise est opérée, nul ne peut en demander compte au porteur du titre qui la représente.

Le capital de la société anonyme se divise en actions au porteur, et la cession s'opère par la transmission du titre (art. 34 et 35).

Pourquoi cette facilité de transmission manuelle du titre au porteur ?

Parce que, dans la société anonyme, il n'y a pas de société de personnes, mais une société de capitaux dont les propriétaires deviennent indifférents.

Il y a parité de raison dans la commandite, qui se compose de deux sociétés différentes :

1° De la société collective des personnes entre les gérants ;

2° De la société des capitaux pour les commanditaires.

La conséquence de cette parité n'a pas échappé au législateur, et l'art. 38 dispose que le capital des sociétés en commandite pourra être *aussi* divisé en actions.

Cet article se réfère donc, sans restriction, aux modes de division indiqués précédemment, c'est-à-dire à la division en actions nominatives ou en actions au porteur, et par cela même, les sociétés en commandite peuvent légalement adopter ces deux sortes d'actions.

Telles étaient, en substance, les raisons invoquées à l'appui de ce système. Elles devaient triompher, et elles ont triomphé devant le tribunal de commerce de la Seine et devant la Cour de Paris.

Voici les motifs du jugement qui ont été adoptés par la Cour dans son arrêt du 7 février 1832 (*Journal du Palais,* périod. à sa date) :

« Attendu qu'en thèse générale, la société en « commandite doit être considérée comme un « contrat mixte, qui participe tout à la fois de « la société en nom collectif et de la société « anonyme; qu'il emprunte à la première ses « gérants, à la seconde ses capitaux ; que la seule « différence qui existe entre le contrat de société « anonyme réside dans l'autorisation du gouver- « nement et la responsabilité des gérants ; que

« s'il est vrai de dire qu'il y ait un lien de droit « indéfini pour les gérants qui sont associés en « nom collectif, il faut reconnaître qu'il n'y a « qu'une association de capitaux pour les com- « manditaires ; qu'en effet, aux termes de l'arti- « cle 23 du Code de commerce, ils ne sont que « simples bailleurs de fonds ; que, suivant les dis- « positions des art. 25 et 43, leurs noms ne peu- « vent faire partie de la raison sociale, ni même « être révélés dans les extraits des actes dont la « publication est prescrite ; qu'enfin, après avoir « posé dans les art. 34 et 35 que les sociétés ano- « nymes peuvent être divisées en actions au por- « teur, le législateur, dans l'art. 38, ajoute que « le capital des sociétés en commandite peut être « aussi divisé en actions ;

« Attendu qu'en posant ce principe, la loi n'é- « tablit aucune distinction ; qu'il faut en conclure « qu'elle a permis ce qu'elle n'a pas défendu ; que « les nullités sont de droit étroit ; qu'elles ne peu- « vent pas être suppléées lorsqu'elles ne sont point « écrites ;

« Attendu, au surplus, que si par l'effet du « contrat de société passé entre les sieurs Armand,

« Lecomte et comp., *il peut arriver qu'une grande* « *portion de la commandite ne soit pas fournie,* « *quelque grave, quelque dangereuse que soit cette* « *éventualité,* LES TIERS NI LES ASSOCIÉS N'EN PEU- « VENT PRÉTENDRE CAUSE D'IGNORANCE, PUISQU'IL « LEUR A ÉTÉ LOISIBLE DE CONNAITRE LES STIPU- « LATIONS SOCIALES AVANT DE CONTRACTER ;

« Attendu, enfin, qu'on ne saurait trop favo- « riser l'esprit d'association en France, puisqu'il « est une des causes de la prospérité du com- « merce. »

Grâce à ces principes, l'esprit d'association s'est en effet largement développé dans notre pays, et la commandite par actions au porteur a été le mode généralement employé par toutes les sociétés importantes qui se sont fondées depuis cette époque ; en sorte que, comme nous l'avions déjà fait observer, la loi de 1856 sur les sociétés en commandite par actions n'a rien créé ; elle a seulement réglementé un usage déjà établi et soumis l'existence et l'administration de ces sociétés à des mesures de prudence et de contrôle dont la nécessité se faisait depuis longtemps sentir.

Avant d'arriver à l'étude de cette loi, jetons un regard en arrière et précisons quelques points qui semblaient définitivement établis en jurisprudence avant sa promulgation :

1° Le porteur d'actions, dans une société anonyme, ne peut être passible que de la perte de son action, et il ne doit jamais être soumis au rapport des dividendes qui lui ont été distribués ;

2° Lorsqu'une société en commandite divise son capital en actions au porteur, ceux qui détiennent les actions doivent être assimilés aux actionnaires des sociétés anonymes ;

3° Cette similitude ne fait pas que les sociétés en commandite aient besoin de l'autorisation du gouvernement pour diviser leur capital en actions au porteur, parce qu'il y a, dans ces sociétés, des gérants en nom collectif qui les personnifient, et que c'est avec ces gérants que traite le public ;

4° Lorsqu'il n'y a ni dol ni fraude, les tiers qui n'ont traité qu'avec ces gérants ne peuvent exercer contre les actionnaires (légalement inconnus) un recours en responsabilité s'il y a eu diminution du capital social ; ils ont connu ou dû connaître les clauses de l'acte de société, et par cela même ils ont accepté la situation qu'elles leur faisaient.

§ VII

LOI DU 17 JUILLET 1856 SUR LES COMMANDITES PAR ACTIONS. — ELLE NE PERMET PAS LA RÉPÉTITION DES DIVIDENDES CONTRE LES ACTIONNAIRES DE BONNE FOI.

Nous sommes arrivés à la loi du 17 juillet 1856, dont le but et l'économie générale nous paraissent absolument contraires à cette pensée que les actionnaires des sociétés en commandite peuvent être tenus de rapporter les dividendes qui leur ont été distribués par les gérants et les conseils de surveillance, lorsqu'ils les ont reçus de bonne foi.

Sans doute la question même n'est pas examinée dans l'exposé des motifs; mais elle y est implicitement et très-nettement résolue, ce nous semble, par les principes qu'il invoque et l'indication du but qu'il poursuit.

Il constate d'abord l'utilité de la société en

commandite, qui réunit à la plupart des avantages de la société anonyme presque tous ceux de la société en nom collectif, et il poursuit ainsi :

« Parmi les premiers il faut ranger la division « du capital social en actions au porteur; elle a « beaucoup contribué à rendre les sociétés en « commandite populaires. Des titres qui peuvent « être négociés sans frais, sans lenteurs, sans for- « malités, *sans responsabilité*, ont un attrait tout « particulier, et par cela même un surcroît réel « de valeur. »

Mais à côté de ces avantages se trouvent les abus ; ils étaient arrivés à un tel degré en 1838 que le gouvernement proposa un projet de loi qui prohibait d'une manière absolue les sociétés en commandite par actions. Ce projet radical fut modifié par la commission de la Chambre des députés chargée de l'examiner, et cependant le rapport qu'elle déposa présentait un ensemble de dispositions partant des mêmes principes et tendant au même but.

L'exposé des motifs de la loi du 17 juillet 1856 énumère longuement ces abus que le législateur cherche à faire disparaître. Ils avaient pour effet de tromper tout à la fois les actionnaires et les tiers :

Les actionnaires, auxquels on persuadait, grâce aux noms éclatants qui figuraient sur la liste des membres du conseil de surveillance, que la mise des gérants avait une valeur considérable, alors que souvent leur apport était illusoire;

Les tiers, qui croyaient traiter avec une société pourvue de capitaux considérables, alors que les actions n'avaient qu'une valeur nominale parce qu'on n'avait exigé qu'un versement insignifiant, au moment de la souscription, et que cependant les actions étaient devenues immédiatement négociables. Le but du législateur en 1856 est donc de donner des garanties aux actionnaires et aux tiers par l'organisation des conseils de surveillance.

Ces conseils doivent désormais exercer un contrôle sérieux et effectif sur la constitution des sociétés, sur les comptes et inventaires annuels des gérants, sur les distributions des dividendes, et ils sont armés d'un pouvoir suffisant pour remplir exactement la mission qui leur est confiée; par cela même, s'ils négligent leurs devoirs, ils engagent leur responsabilité vis-à-vis de tous les intéressés, c'est-à-dire vis-à-vis des actionnaires aussi bien que vis-à-vis des créanciers.

Telles sont les bases de la loi de 1856, formulées dans les art. 7, 8 et 10.

Le rapporteur de la commission du Corps législatif, M. Langlais, s'est approprié la même pensée qu'il a développée dans un paragraphe spécial consacré aux conseils de surveillance.

« Le gérant, dans la commandite, dit son rap-
« port, est la personnification de la société. C'est
« en son nom que se fait tout le négoce, et c'est
« aussi *lui seul qui est responsable*. Cachés sous le
« voile de l'anonyme, les simples commanditaires
« forment une association de capitaux ; le gérant
« donne le mouvement à ces fonds ; il les fait
« fructifier par son intelligence, par son activité,
« et sa responsabilité vient fortifier la confiance
« qui repose déjà sur la richesse de la société.

« L'omnipotence du gérant, quand il est inha-
« bile ou infidèle, peut entraîner la perte de la
« société. La loi désarme-t-elle les associés? de-
« vront-ils assister impuissants à la ruine de l'en-
« treprise, sans pouvoir prendre les mesures que
« réclame le salut commun?

« La raison dit qu'ils auront le droit d'exercer
« sur la gestion une surveillauce profitable à l'in-
« térêt social et à l'intérêt des créanciers. De là
« l'habitude de créer dans les sociétés des com-
« missions généralement connues sous le nom de
« conseil de surveillance. C'est le contrôle à côté
« de l'action; voilà du moins ce qui devait être;
« mais ce qui est quelquefois une déception.

« Le conseil de surveillance n'est en effet trop
« souvent qu'une décoration pour la société, une
« invitation à souscrire, un appel à la confiance.
« Le gérant a grand soin d'en choisir les membres
« dans le contrat même de la société. L'entre-
« prise se fonde et l'actionnaire crédule, que cer-
« tains noms avaient séduit, voit plus tard dans
« ces mandataires imposés, rarement des hommes
« pénétrés du sentiment de leur mission, quel-
« quefois des complaisants, le plus souvent des

« surveillants sans vigilance ou ne se permettant
« qu'avec crainte le plus légitime contrôle. Toute
« carrière est ainsi ouverte aux erreurs, aux fautes
« des gérants ; et ce qui devrait être une garantie
« et de la bonne gestion et de la conservation des
« capitaux de la société, tend de jour en jour à
« devenir une institution vaine. . . . . .

. . . .

. . . .

« Parlons maintenant de la pénalité. Les abus
« qu'elle réprime sont-ils réels ? Tombe-t-elle sur
« ceux qu'elle doit justement frapper ? Peut-elle
« être un motif pour les hommes sérieux de dé-
« serter les conseils de surveillance ?

« Les abus ? ils sont flagrants. Une des trom-
« peries dont le public est victime, n'est-ce pas
« l'infidélité dans les inventaires, la distribution,
« sous dénominations diverses, de bénéfices fic-
« tifs ? Ce qui attire le souscripteur, c'est l'espé-
« rance des profits ; et quiconque a lu un pros-
« pectus sait tout ce qu'on lui en promet. La so-
« ciété marche ; elle n'a pas de bénéfices ; mais on
« est encore près de l'origine : il faut tenir sa pro-
« messe, et l'on paie un dividende. On publie des

« inventaires mensongers : *le public séduit court*
« *acheter des actions ; il s'opère une hausse factice*
« *qui* TROMPE LES ACHETEURS, QUI INSPIRE CONFIANCE
« AUX CRÉANCIERS. Comment y est-on parvenu ? —
« en prenant sur le capital, en ruinant la société.

« Voilà ce que la loi veut réprimer ; et, pour
« cela, ce n'est pas seulement au gérant qu'elle
« s'adresse, C'EST A CE MEMBRE DU CONSEIL DE SUR-
« VEILLANCE qui, sachant que l'inventaire n'est pas
« fidèle, en atteste partout la vérité A SES MANDANTS
« ET AU PUBLIC ; qui, sachant que la société est en
« perte, ne proteste pas, dans son rapport, contre
« ces dividendes fictifs. »

Il nous semble impossible d'indiquer plus clairement le double but qu'a poursuivi le législateur ; il a voulu tout à la fois sauvegarder les intérêts des créanciers et ceux des actionnaires ; il s'en est préoccupé au même titre, le rapporteur le dit à chaque ligne, et le conseil de surveillance est organisé pour donner aux uns et aux autres les garanties qui leur manquaient.

Le conseil de surveillance doit protéger les

actionnaires contre les fraudes des gérants qui, par des distributions de dividendes supposés, précipitent la ruine de la société et donnent aux actions une valeur fictive qui séduit les acheteurs.

Il doit aussi protéger les tiers contre les abus d'une administration qui dissipe le fonds social et détruit leur gage. Mais on ne trouve ni dans le rapport, ni dans l'exposé des motifs, un seul mot duquel on puisse inférer que les actionnaires, victimes comme les créanciers des inventaires infidèles et des rapports de complaisance, soient tenus, vis-à-vis de ceux-ci, de réparer le préjudice qui leur a été causé; bien au contraire, on voit partout que les actionnaires qui ont versé leur mise ont accompli toutes les obligations que la loi leur impose, et qu'en conséquence ils ne sont pas responsables des faits ultérieurs qui peuvent diminuer le capital social.

Ainsi, par exemple, l'exposé des motifs, commentant les articles qui règlent le versement des apports et les conditions auxquelles est soumise la conversion des actions nominatives en actions au porteur, précise en ces termes la pensée qui les a inspirés :

« Ils ne permettent pas que les actions soient « au porteur *avant leur entière libération*. Ainsi « chaque négociation d'actions *non entièrement li-* « *bérées*, lorsque cette négociation sera licite, ré- « vélera le nom des négociateurs ; on ne pourra « plus trafiquer en secret de titres équivoques.

« Chaque souscripteur originaire est déclaré « responsable du paiement total du prix des ac- « tions qu'il a souscrites. Sans doute cette respon- « sabilité est la conséquence des principes géné- « raux en matière d'obligations conventionnelles ; « mais elle a été contestée, il était utile de l'établir « en termes formels. »

Il y a pour nous dans ces lignes deux pensées nettement exprimées :

La première, c'est que les souscripteurs d'actions sont responsables du paiement total du prix des actions qu'ils ont souscrites ;

La seconde, c'est que cette obligation une fois remplie, ils ne sont plus tenus à rien (le cas de fraude excepté), puisque les actions sont désormais entièrement libérées.

Or, lorsque les actions sont *entièrement libérées*, il est assez difficile de comprendre comment les porteurs de ces mêmes actions peuvent être à perpétuité responsables des actes du gérant et des fautes commises par le conseil de surveillance dans la distribution des dividendes.

Le rapport n'est pas moins clair sur ce point que l'exposé des motifs : après avoir rappelé les abus auxquels peuvent donner lieu la souscription des actions et leur conversion en actions au porteur, avant que le capital ait été intégralement versé, il continue ainsi :

« La commission de la Chambre des députés, « frappée déjà, en 1838, de ces abus si favorisés « par les actions au porteur, proposa d'en inter- « dire l'émission. Votre commission a été saisie « de la même proposition par un amendement de « l'honorable M. Millet.

« La nécessité d'adopter une mesure si radicale « ne nous a point été démontrée. L'action au por- « teur est entrée dans les habitudes commerciales,

« et, renfermée dans de justes bornes, c'est une « heureuse conception du crédit. Nous préférons « la combinaison présentée par le projet de loi de « l'art. 2.

« Cet article dispose que les actions des sociétés « en commandite sont nominatives *jusqu'à leur « entière libération*. La loi se proposant de di- « minuer l'agiotage et de constituer des sociétés « sérieuses, cette disposition rentre dans son « esprit. C'est surtout à l'origine des sociétés « qu'il faut saisir l'agiotage, car c'est alors que le « charlatanisme agit avec succès. On est encore dans « l'inconnu, dans la période des illusions et des « entraînements; plus tard le capital sera versé, « l'entreprise aura marché, on saura ce qu'elle « produit. Or, l'obligation d'être en nom jusqu'au « versement de tout le capital, tend évidemment « à éloigner des sociétés tous ces actionnaires no- « mades qui, n'y apparaissant que pour jouer sur « les titres, n'apportent aussi à la société qu'un « capital factice et une ombre de réalité.

« Le projet atteint ce but d'une manière plus « directe et plus sûre encore, en disposant, dans

« l'art. 3, *que les souscripteurs d'actions sont res-*
« *ponsables du montant intégral de ces actions.* »

Ainsi le rapport, comme l'exposé des motifs, exprime bien cette pensée, que les souscripteurs sont tenus personnellement de fournir le capital des actions qu'ils ont souscrites; mais là s'arrête leur obligation, et nulle part on ne voit germer cette idée qu'ils puissent être tenus de reconstituer ce capital, s'il vient à être diminué, soit par des spéculations malheureuses, soit par des distributions de dividendes non acquis; et le porteur qui leur a succédé dans la possession de leurs actions ne peut pas être plus qu'eux soumis à cette obligation, puisqu'il a acheté des actions qui offrent cet avantage d'être ENTIÈREMENT LIBÉRÉES.

Les actions nominatives seraient-elles régies par d'autres règles? Évidemment non, car dès qu'elles ont été intégralement payées, elles peuvent être converties en actions au porteur; or, cette circonstance, qu'elles sont nominatives, ou qu'après avoir été changées en actions au porteur elles sont redevenues nominatives, parce que la prudence a suggéré cette mesure à leur proprié–

taire, cette circonstance est évidemment indifférente relativement aux obligations qu'elles peuvent engendrer.

Il n'y a donc, en réalité, au point de vue de la question qui nous occupe, que deux catégories d'actions : les actions libérées, et les actions qui ne sont pas libérées.

Quant à ces dernières, elles soumettent leurs souscripteurs à une seule obligation, celle de parfaire le capital.

Quant aux premières, le capital ayant été intégralement versé, elles mettent leurs détenteurs à l'abri de tout recours.

Si maintenant nous passons à l'examen du texte de la loi, nous n'y trouverons pas un mot qui permette d'étayer la thèse inverse ; partout, au contraire, apparaîtra cette idée que, pour donner au public les garanties qui lui manquaient avant cette loi, le législateur a voulu constituer des conseils de surveillance sérieux, qui vinssent en quelque sorte compléter la personne du gérant dans l'intérêt des créanciers et des actionnaires.

Mais les actionnaires, qui représentent l'élément anonyme, sont légalement inconnus et irresponsables. Entre eux et les créanciers s'interposent les gérants, qui représentent l'élément collectif, et les membres du conseil de surveillance, également responsables dans une certaine mesure. Ces derniers peuvent donc être atteints par les créanciers dans tous les cas prévus par la loi de 1856, et même d'une manière plus générale dans tous les cas qui engagent la responsabilité d'un mandataire ou préposé, d'après les art. 1992, 1382 et 1383 du Code Napoléon.

Mais l'action qui serait exercée contre eux doit s'arrêter à eux et ne peut pas remonter jusqu'aux actionnaires, abrités par leur titre, par les gérants et par les conseils de surveillance eux-mêmes.

Les articles 2 et 3 de la loi de 1856 résument très-nettement la pensée exprimée dans l'exposé des motifs et le rapport :

« Art. 2. — Les actions des sociétés en com-

« mandite sont nominatives JUSQU'A LEUR ENTIÈRE « LIBÉRATION.

« Art. 3. — Les souscriptions d'actions dans « les sociétés en commandite sont, nonobstant « toute stipulation contraire, responsables du « paiement du montant total des actions par eux « souscrites. »

Le projet du gouvernement contenait une disposition qui permettait de réduire, par une clause formelle des statuts, la responsabilité des souscripteurs jusqu'à concurrence de moitié du montant de chaque action. La commission du Corps législatif a pensé que cette restriction pouvait offrir des dangers, qu'on n'a pas un capital véritablement souscrit quand le souscripteur originaire peut se retirer d'une entreprise après un versement partiel. Viennent les orages, et ce capital disparaît, s'évanouit, emportant avec la fortune et la liberté du gérant la garantie des tiers et des créanciers. La commission proposa donc au Conseil d'Etat de supprimer le paragraphe de l'art. 3 qui permettait de déroger par des conventions à ces prescriptions, jusqu'à concurrence de la moitié de chaque action. Le Conseil d'Etat a adopté cette suppression, et l'art. 3 pose une règle absolue à laquelle on ne peut se soustraire.

Il en résulte que, lors même que le souscripteur a cédé ses actions avant d'avoir versé le montant total du capital, les gérants ou les créanciers de la société, en cas de faillite, peuvent toujours le contraindre à effectuer sa mise entière. Telle est, du reste, la conséquence de l'obligation personnelle qu'il a contractée. Cependant il était nécessaire que la loi s'exprimât clairement sur ce point, car la jurisprudence était hésitante et les auteurs étaient divisés.

M. Troplong (t. 1er, nos 177 et 178) et M. Delangle (t. 2, no 245) soutenaient énergiquement que le souscripteur ne pouvait pas se soustraire par une cession faite sans la participation de la société à l'obligation de fournir les fonds qu'il avait promis de verser; que ce serait là le renversement de tous les principes qui ne permettent pas à un obligé de se dégager ainsi vis-à-vis de celui envers qui l'engagement avait été contracté.

MM. Malpeyre et Jourdan enseignaient, au contraire (nos 320 et suiv.), qu'en cédant ses actions, le souscripteur *s'affranchissait* de toute obligation.

Mais si c'était une question controversée que celle de savoir quelle était, au point de vue de l'obligation du versement intégral de la mise, la situation du souscripteur qui avait vendu son action avant qu'elle fût libérée, tout le monde était d'accord sur ce point, qu'une fois libérée, l'action passait de mains en mains sans laisser subsister une obligation quelconque contre celui qui en avait été un instant détenteur. C'est ce qu'exprimait très-nettement M. Troplong (n° 173) :

« Le cédant qui a satisfait à l'obligation de verser sa mise ne saurait être recherché pour les engagements antérieurs à son aliénation. La raison en est simple : il n'est tenu que jusqu'à concurrence de sa mise; *au delà du capital versé, toute responsabilité disparaît;* il devient donc entièrement étranger à la société. »

Si donc des dépenses extraordinaires mettaient les gérants dans la nécessité, prévue par les statuts, de faire un appel de fonds aux actionnaires, ce serait aux porteurs actuels des actions qu'ils devraient s'adresser, ou pour mieux dire aux actions elles-mêmes, abstraction faite de la personne des détenteurs, chaque action devenant ainsi une sorte de personne juridique qui profite activement de tous les bénéfices et qui subit passivement toutes les pertes afférant à la portion du capital social qu'elle représente.

C'est ce que la Cour de Paris a nettement décidé par un arrêt infirmatif du 22 mai 1852, rendu sur un mémoire et une plaidoirie remarquables de Me J. Grévy.

« Considérant, en droit, porte cet arrêt, qu'en « matière de sociétés par actions transmissibles « par la simple volonté des actionnaires, *c'est l'action qui est seule responsable* vis-à-vis de la société ;

« Que, de même que le porteur de l'action, « seul, a droit aux bénéfices de la société, il est « seul passible des charges ; qu'à cet égard la société ne peut pas distinguer entre les bénéfices « et les charges antérieures à la transmission pour « faire profiter l'ancien actionnaire des uns, au

« préjudice du cessionnaire, ou lui faire subir, à « l'avantage de celui-ci, les pertes antérieure- « ment essuyées par la société ;

« Qu'en fait d'actions transmises, le cession- « naire devient le successeur *in universum jus* du « cédant, et est substitué, par le fait de la ces- « sion, aux lieu et place de ce dernier, au moins « vis-à-vis de la compagnie ; que si celle-ci peut « avoir à souffrir d'un pareil ordre de choses, elle « ne peut imputer qu'à elle d'avoir à subir une « loi qu'elle s'est faite en vue, d'ailleurs, des « avantages qu'un pareil principe fait surgir, en « favorisant la transmission des valeurs sociales « et leur circulation avantageuse. (Dalloz, 1855, « 2, p. 265.) »

Telle était donc, avant la loi de 1856, la jurisprudence sur les effets de la transmission des actions *libérées*, quant aux obligations des actionnaires. Or cette loi n'a rien changé sur ce point ; elle ne s'en est même pas préoccupée ; elle a uniquement réglé la situation des souscripteurs d'actions tant qu'elles ne sont *pas entièrement libérées*, et elle les déclare responsables du montant intégral de la souscription.

Dès lors, lorsque nous avons à préciser la situation des porteurs d'*actions libérées*, nous n'avons rien à demander à la loi de 1856, et c'est aux principes généraux, que nous venons de rapporter, qu'il faut nous attacher.

Ces principes sont clairs et concluants : *c'est l'action qui est seule responsable* ; le *cessionnaire devient le successeur* in universum jus *du cédant et est substitué, par le fait de la cession, aux lieu et place de ce dernier*. Mais on fera sans doute cette objection que l'arrêt qui le décide ainsi ajoute ces mots : *au moins vis-à-vis de la compagnie*; qu'il est impossible de les isoler des lignes qui précèdent et qu'ils révèlent cette pensée que la Cour statue ainsi sur la demande de la société, mais qu'elle entend réserver la question pour le cas où ce seraient les créanciers qui agiraient contre les actionnaires.

Une telle objection serait facile à réfuter :

En effet, s'il est établi que la société, mise en regard des anciens actionnaires, n'a aucun droit à exercer contre eux, s'il est établi qu'elle ne peut s'adresser qu'aux porteurs actuels, ou pour mieux dire qu'aux actions, qui sont seules responsables; les créanciers de la société exerçant ses droits, en cas de faillite, ne sauraient avoir plus de droits qu'elle et surtout des droits autres que les siens. Or, si la société ne peut faire contribuer aux charges *que les actions*, il serait assez difficile de comprendre, par quel privilége étrange, ses créanciers auraient le droit d'y faire contribuer *les anciens actionnaires*.

Mais, dira-t-on, il ne s'agit pas de faire contribuer d'anciens actionnaires aux charges nouvelles de la société, il s'agit de faire rapporter, par ces actionnaires, des fractions du capital qu'ils ont reçues sous le nom de dividendes; il n'y a pas analogie entre les deux cas, et on comprend que, dans le premier cas, l'ancien actionnaire soit à l'abri de tout recours, et qu'il soit au contraire, dans le second cas, soumis à l'obligation de rapporter ce qu'il a indûment reçu.

Si l'on va au fond des choses, cette distinction n'a aucun fondement.

Pourquoi une société est-elle dans le cas de faire des appels de fonds pour supporter de nouvelles charges? Evidemment parce que son capital actuel est insuffisant pour les couvrir. Et pourquoi, dans ce cas, des créanciers, qui auraient fourni ces fonds, exerceraient-ils contre les actionnaires les droits de la société faillie? Précisément parce que ces créanciers auraient fourni directement ou indirectement les fonds qui lui auraient été nécessaires pour faire face à ses nouveaux besoins.

Dans ce cas, cependant, on serait bien forcé de reconnaître que les créanciers n'ayant pas d'autres droits que la société, leur débitrice, ne pourraient s'adresser, comme elle, qu'aux porteurs d'actions actuels.

Pourquoi donc les créanciers d'une société pourraient-ils s'adresser aux actionnaires pour leur faire rapporter les dividendes qu'ils auraient reçus? Évidemment, parce que, la société ne serait pas en mesure de faire face à ses charges, de tenir ses engagements. Donc le recours dirigé contre les actionnaires en rapport de ce qu'ils ont reçu a uniquement pour but de les faire contribuer aux charges de la société.

Mais s'il est établi que c'est l'action (lorsqu'elle est libérée), et non pas l'ancien actionnaire, qui doit contribuer aux charges de la Société, il en résulte que ce ne serait pas à l'actionnaire qui aurait reçu les dividendes qu'il faudrait demander le rapport; mais bien *au porteur de l'action* le jour où il y aurait lieu d'exercer ce recours.

Supposons donc que Paul ait été pendant dix ans actionnaire dans une société en commandite, et qu'il ait pendant dix ans touché des dividendes, qu'il vende ensuite ses actions à Jean et que, la onzième année, les créanciers s'aperçoivent que les dividendes distribués à Paul étaient pris sur le capital; comme l'obligation de rapporter ces dividendes est une charge, que toutes les charges incombent *à l'action* et non à l'*ancien porteur* de l'action, c'est à Jean, qui vient de l'acheter, qu'on va demander de rapporter les dividendes reçus par Paul depuis dix ans!

Je sais bien qu'on va se récrier contre un résultat aussi absurde et qu'on va me dire que la jurisprudence ne l'a pas consacré, qu'elle a eu grand soin d'expliquer que le recours en rapport des dividendes fictifs ne peut s'exercer que contre celui qui les a reçus. Eh oui ! mais ce moyen habile d'éviter l'absurde n'a pas évité le défaut de logique monstrueux que nous voulons signaler.

D'une part, en effet, voilà la jurisprudence qui décide que l'obligation de contribuer aux charges sociales n'incombe *qu'au porteur actuel* de l'action.

Et, d'autre part, que l'obligation de rapporter les dividendes n'incombe *qu'à celui qui les a reçus*.

Il faudrait donc démontrer que l'obligation de rapporter les dividendes reçus n'a pas pour but ni pour résultat de faire contribuer l'actionnaire aux charges sociales.

Lorsqu'on aura fait cette démonstration, je pourrai convenir que la jurisprudence est logique ; tant qu'on ne l'aura pas faite, je dirai qu'elle pose des principes dont elle s'écarte aussitôt, qu'elle a, pour des cas identiques, des règles différentes, suivant qu'elle est impressionnée plus favorablement dans un sens ou dans l'autre.

Oui ou non, est-ce le porteur, et le *porteur seul*, lorsque l'action est libérée, qui est soumis aux appels de fonds pour faire face aux charges sociales extraordinaires?

Oui ou non, le recours en rapport des dividendes indûment versés a-t-il pour but d'éteindre des charges sociales?

Et si ce but est certain, pourquoi dans ce cas le recours, au lieu d'être dirigé contre le porteur de l'action, doit-il l'être contre celui qui a reçu les dividendes?

Pourquoi?

Parce que le contraire eût été trop dur : on a donc cherché à atteindre le but sans trop froisser le sentiment du juste ; on n'y a pas réussi, car le principe, certain, exact, était depuis longtemps posé : l'*action seule est responsable*, et dès lors il est inique et arbitraire d'y accoler cette exception : « à moins qu'il ne s'agisse d'un recours en rap- « port de dividendes, auquel cas c'est celui qui

« les a reçus, ou ses héritiers, qui seront à perpé-
« tuité soumis à l'obligation de les restituer, bien
« que depuis longtemps l'action soit passée en
« d'autres mains. »

Loin de se prêter à une telle interprétation la loi, par le soin tout spécial qu'elle a pris de préciser et de déterminer l'obligation qui incombe au souscripteur de libérer ses actions, semble bien avoir restreint sa responsabilité au cas limitativement prévu et indiqué par elle. C'est ce qui ressort de ces mots de l'article 2 : « Les actions ne peuvent être au porteur que lorsqu'elles sont ENTIÈREMENT LIBÉRÉES. »

Il y a donc une corrélation parfaite entre ces deux idées :

Actions entièrement libérées ;

Actions au porteur ou susceptibles d'être au porteur;

Mais, par contre, toute action au porteur est entièrement libérée et n'a plus qu'à subir les chances de perte qui peuvent affecter le capital social.

Dès lors, lorsqu'on achète une action libérée dans une société en commandite, on achète un titre d'une nature particulière qui suivra les chances bonnes ou mauvaises de la société, mais qui laissera le détenteur tranquille sur les résultats des opérations passées, que ces opérations aient eu lieu depuis qu'il a acheté le titre, ou pendant que ce titre était dans d'autres mains.

Voilà ce qui nous semble résulter, jusqu'à l'évidence, des principes généraux sur la matière, du texte des articles 2 et 3 de la loi de 1856 et de l'esprit de l'exposé des motifs et du rapport.

Nous verrons dans le paragraphe suivant que les autres dispositions de la loi ne font que confirmer les déductions auxquelles nous sommes arrivé.

§ VIII

LES GÉRANTS ET LES CONSEILS DE SURVEILLANCE SONT SEULS RESPONSABLES VIS-A-VIS DES CRÉANCIERS DE LA DISTRIBUTION DES DIVIDENDES NON ACQUIS.

Le législateur ne s'est pas dissimulé les inconvénients du principe qui limite à leur mise la responsabilité des actionnaires, mais il a compris qu'il devait maintenir une règle indispensable à l'existence de crédit et au développement de l'esprit d'association. Il a donc principalement tenu compte de la pratique journalière qui révèle l'impossibilité de fait, pour les actionnaires, de contrôler les actes et les comptes des gérants, et il s'est attaché à prévenir et à réprimer les abus qui pourraient en résulter.

Pour atteindre ce but, qu'a-t-il fait?

Il a voulu qu'un conseil de surveillance, composé de cinq actionnaires au moins, fût établi dans chaque société en commandite par actions (article 5).

Et cette nécessité est tellement impérieuse qu'il déclare nulle et de nul effet, à l'égard des intéressés, toute société en commandite par actions constituée sans ce conseil (art. 6).

Ses attributions se rattachent à la fondation de la société, à la vérification des comptes du gérant et à la distribution des dividendes.

En ce qui concerne la fondation de la société, les conseils de surveillance doivent se demander :

1° Si la valeur des actions est en harmonie avec le chiffre du capital social ;

2° Si le capital social est souscrit en entier ;

3° Si chaque actionnaire a versé au moins le quart des actions souscrites par lui ;

4° Si la souscription et les versements sont constatés par une déclaration du gérant, dans un acte notarié ;

5° Si à cette déclaration sont annexés la liste

de souscription, l'état du versement et l'acte de société;

6° Si les actions étant au porteur sont entièrement libérées;

7° Si les deux délibérations de l'assemblée générale pour contrôler les apports faits autrement qu'en numéraire ou autoriser les avantages particuliers au profit d'un associé, ont eu lieu;

8° Si enfin le conseil de surveillance a été reconnu par l'assemblée générale, s'il est composé de cinq membres, si ces membres sont actionnaires.

Telles sont les dispositions des art. 1 à 5.

En ce qui touche la vérification des comptes du gérant et la distribution des dividendes, les membres du conseil de surveillance doivent:

Vérifier les livres, la caisse, le portefeuille, les valeurs de la société, et faire, chaque année, un rapport à l'assemblée générale sur les inventaires et sur les propositions de dividendes faites par le gérant (art. 8).

Les art. 6 et 10 soumettent les membres du

conseil de surveillance à deux sortes de pénalités.

Les premières, prévues par l'art. 6, découlent de l'inobservation des règles prescrites pour la constitution des sociétés. Tout intéressé a le droit de demander la nullité de ces sociétés, et, lorsqu'elle est prononcée, les membres du conseil de surveillance peuvent être déclarés responsables des opérations faites après leur nomination.

Les secondes, prévues dans l'art. 10, découlent de l'inobservation des devoirs de contrôle qui leur sont imposés.

« Tout membre d'un conseil de surveillance, « dit cet article, est responsable avec les gérants, « solidairement et par corps.

« 1° Lorsque, sciemment, il a laissé commettre « dans les inventaires des inexactitudes graves, « préjudiciables à la société ou aux tiers;

« Lorsqu'il a, en connaissance de cause, con- « senti à la distribution de dividendes non justi- « fiés par des inventaires sincères et réguliers. »

Mais si, en dehors de ces cas, les membres du conseil de surveillance compromettaient par leur négligence ou leur faute les intérêts des actionnaires, ils pourraient être déclarés responsables du dommage qu'ils auraient ainsi causé, comme tout mandataire qui néglige d'accomplir le mandat qu'il a accepté. Bien que le doute ne parût pas possible à cet égard, le rapport a sagement fait de s'en expliquer formellement en déclarant que la loi ne modifiait pas les principes généraux du mandat; et depuis 1856, la jurisprudence a constamment appliqué ces principes aux membres des conseils de surveillance qui, sans tomber sous le coup des responsabilités prévues par la loi spéciale, avaient pu causer un préjudice à la société par l'inexécution de leur mandat.

Il résulte bien clairement de l'ensemble de ces dispositions, que les conseils de surveillance ont été établis au moins autant dans l'intérêt des tiers, c'est-à-dire des créanciers, que dans l'intérêt des actionnaires; et même celles de leurs attributions qui ont trait à la constitution de la société, n'ont généralement en vue que l'intérêt des premiers; telle est l'obligation de vérifier si la réalisation du quart du numéraire promis comme apport à la société a été constatée par un acte notarié, si les actions sont en la forme prescrite par l'article 2 ; si les clauses des statuts ne sont pas contraires à la règle de l'art. 3, qui veut que les souscripteurs soient responsables du paiement du montant social des actions par eux souscrites.

La violation de toutes ces règles entraîne la nullité de la société et la responsabilité des membres du conseil de surveillance vis-à-vis des intéressés ; mais ces mêmes intéressés ne peuvent évidemment prétendre infliger une responsabilité quelconque aux actionnaires qui ont choisi suivant le vœu de la loi, un conseil de surveillance chargé de s'assurer, dans l'intérêt de tous, que les prescriptions légales ont été observées. En nommant ce conseil, les actionnaires ont fait ce à quoi ils étaient tenus, on ne peut pas les rendre responsables de la négligence des membres qui le composent. Aussi la rédaction de l'art. 7 exclut-elle la pensée d'une semblable responsabilité :

« Lorsque la société est annulée aux termes de « l'article précédent, *les membres du conseil de* « *surveillance* peuvent être déclarés responsables, « solidairement et par corps *avec les gérants*, de

« toutes les opérations faites postérieurement à « leur nomination. La même responsabilité soli- « daire peut être prononcée *contre ceux des fonda-* « *teurs* de la société qui ont fait un apport en na- « ture ou au profit desquels ont été stipulés des « avantages particuliers. »

Ainsi les membres du conseil de surveillance, les gérants et les fondateurs peuvent être déclarés responsables des conséquences de la nullité, *mais non les actionnaires.*

Cette disposition est de toute justice; mais qu'on veuille bien remarquer qu'elle est contraire aux principes généraux du droit. En effet, de droit commun, lorsqu'une société est annulée, tous les associés sont responsables, vis-à-vis des tiers, des conséquences de cette nullité.

Pourquoi en est-il autrement ici? Parce que les actionnaires ont entendu devenir des associés d'une nature particulière, engageant leur mise, rien que leur mise et que la loi a compris que leur situation commandait une exception aux règles générales, d'autant plus que les créanciers ont su qu'ils traitaient avec une société d'un genre spécial, dans laquelle ils n'auraient pour obligés personnels que les gérants et qui devait assurer l'irresponsabilité des actionnaires.

Mais dès que cette irresponsabilité est consacrée dans le cas d'annulation de la société par la faute des gérants et du conseil de surveillance, comment peut-on prétendre qu'il en sera autrement lorsqu'il s'agira d'apprécier les actes de ces mêmes gérants et du même conseil de surveillance après la constitution régulière de la société ?

Sur quoi fonde-t-on cette distinction étrange qui devrait se formuler ainsi ?

« Les gérants et les membres du conseil de sur-
« veillance sont SEULS responsables des consé-
« quences DE LA NULLITÉ de la société.

« Mais les actionnaires sont responsables AVEC
« EUX, dans un cas, des conséquences de LEUR
« GESTION, ce cas est celui où il a été fait des dis-
« tributions de dividendes qui n'étaient pas ac-
« quis. »

Pour admettre une aussi étrange anomalie, il

faut qu'on nous montre un texte net et précis, dérogeant aux règles spéciales de la matière si bien formulées dans l'art. 26 du Code de commerce et dans l'art. 7 de la loi de 1856.

Ce texte où est-il ?

Serait-ce l'art. 10 de la même loi qui statue lui aussi sur les responsabilités qu'entraîne la violation des règles qu'elle édicte ? Mais cet article, conforme en ce point à l'art. 7, ne déclare responsables *que les membres du conseil de surveillance*, lorsqu'ils ont, en connaissance de cause, consenti à la distribution des dividendes non justifiés par des inventaires sérieux et véritables.

Si les membres du conseil de surveillance sont responsables dans ce cas, comme dans le cas prévu par l'art. 7, pourquoi veut-on que, dans le cas de l'article 10, la responsabilité remonte jusqu'aux actionnaires, alors qu'elle ne peut les atteindre dans le cas de l'article 7 ?

C'est un mystère qu'on n'a pas encore expliqué.

Mais une loi récente, la loi du 23 mai 1863,

sur les sociétés à responsabilité limitée, le rend encore plus insoluble en précisant mieux ce qu'a voulu l'art. 10 de la loi de 1856.

Le § 1er de l'art. 27 de la loi de 1863 est ainsi conçu :

« Les administrateurs sont responsables, con-
« formément aux règles du droit commun, soit
« *envers la société*, soit envers les tiers, de tous
« dommages-intérêts résultant des infractions aux
« dispositions de la présente loi et des fautes com-
« mises par eux dans leur gestion. »

Cette disposition est par elle-même fort claire et elle pouvait sembler suffisante pour que les tribunaux fussent armés du droit de rendre les administrateurs responsables, même vis-à-vis des actionnaires, de la distribution de dividendes non acquis.

Cependant un paragraphe spécial ayant été proposé sur ce point par le gouvernement, la commission du Corps législatif pensa qu'il était utile de le conserver pour qu'il fût impossible d'invoquer plus tard le rejet qui en aurait été prononcé comme un argument tendant à établir que les administrateurs ne devaient pas être tenus de la faute qu'ils commettraient en distribuant des dividendes non acquis.

C'est ce qu'exprime le rapport dans les termes suivants :

« Le principal motif qui a déterminé à main-
« tenir la disposition, c'est qu'elle n'est dans la
« réalité qu'une reproduction explicite pour cette
« faute spéciale de la distribution de dividendes
« non acquis, de la disposition du paragraphe 1er
« qui déclare le droit commun applicable aux
« fautes commises par les administrateurs. Or,
« n'est-ce pas une faute évidente, palpable, pré-
« judiciable au plus haut degré, aux tiers qui con-
« tractent avec la société, à *ceux qui achètent ou*
« *en conservent les titres, que celle qui consiste à les*
« *tromper sur sa véritable situation?*

« Le dissentiment entre nous et le Conseil
« d'État ne pouvait donc porter que sur la forme et
« non sur le fond, sur lequel nous étions nécessai-
« rement d'accord.

« Il s'agissait uniquement, entre nous, de sa-
« voir s'il valait mieux rappeler, par une énoncia-
« tion explicite, cette portée incontestable du

« droit commun en matière de mandat ou ne pas « le faire.

« Nous serions peut-être restés fidèles à ce der- « nier parti que nous avions adopté d'abord, si le « projet primitif n'avait pas eu à cet égard une dis- « position formelle, et si son retranchement n'eût « pas été de nature à faire supposer qu'on aban- « donnerait, sur ce point, la voie dans laquelle « était entré le législateur de 1856.

« Cette dernière considération a été pour nous « décisive. La suppression pure et simple de la « disposition du projet primitif aurait laissé sub- « sister une équivoque : or, il faut qu'avant tout « une loi soit sincère, précise, qu'elle dise fran- « chement ce qu'elle veut et qu'elle ne laisse pas, « par son silence, prétexte à la mauvaise foi ou à « l'erreur. »

Nous retenons dans ce passage les trois points suivants :

1° C'est une faute préjudiciable au plus haut degré aux actionnaires que celle qui consiste à les tromper sur la situation de la société en leur distribuant des dividendes qui ne sont pas acquis;

2° Les administrateurs des sociétés à responsabilité limitée sont responsables de cette faute envers les actionnaires, comme les membres des conseils de surveillance dans les sociétés en commandite par actions;

3° C'était peut-être inutile à dire par une disposition spéciale, mais le législateur a préféré s'en expliquer formellement pour bien marquer l'intention de rester dans la voie qu'avait ouverte la loi de 1856.

Donc les membres des conseils de surveillance sont responsables, vis-à-vis des actionnaires comme vis-à-vis des créanciers, du préjudice qui peut résulter pour eux de la distribution de dividendes fictifs; que cette distribution atteigne, dans certains cas donnés, les proportions d'un délit, ou qu'elle reste un quasi-délit.

Donc la loi a considéré (et très-justement, tout le monde en convient) que les actionnaires sont victimes des conséquences de ce délit ou de ce quasi-délit.

Donc il y a deux catégories de victimes : les actionnaires et les créanciers.

Dès lors je me demande comment, en vertu de quel texte, de quel principe, on arrive à ce résultat étrange de rendre une catégorie de victimes responsable envers une autre des conséquences du même délit dont elles souffrent également !

J'entends bien que c'est cette égalité que l'on conteste ; on soutient que les actionnaires qui ont touché des dividendes, à une époque où la société n'avait pas de bénéfices, ont reçu ce qui ne leur était pas dû, et que par cela même, s'ils doivent les rapporter, ils sont dans une situation bien moins intéressante que les créanciers qui perdent ce qui leur est dû.

Cette objection, qui paraît grave à première vue, a le double tort :

1° De ne pouvoir s'appuyer ni sur l'esprit ni sur le texte de la loi :

2° D'être en opposition avec la vérité des faits, si au lieu de s'en tenir aux apparences on veut se rendre compte de la véritable situation des actionnaires.

Elle ne peut s'appuyer ni sur l'esprit ni sur le texte de la loi.

C'est ce que démontrent jusqu'à l'évidence les passages de l'exposé des motifs et du rapport que nous avons cités, aussi bien que les termes des articles 7 et 10 de la loi de 1856 et 27 de la loi de 1863. Partout, en effet, on y voit figurer, sur la même ligne et au même titre, les créanciers et les actionnaires; partout on y lit cette pensée que la distribution de dividendes fictifs est une faute préjudiciable *au plus haut degré à ceux qui achètent ou conservent* les actions d'une société.

De plus, cette objection est en opposition avec la vérité des faits, lorsqu'on se rend bien compte de la situation des actionnaires dans la plupart des cas.

Quel est, en effet, la conséquence des déclarations mensongères qui présentent comme prospère l'état de la société, alors qu'elle fait des pertes, et qui déterminent la distribution de dividendes qu'on prend sur le capital ?

C'est d'endormir tous les actionnaires dans une dangereuse sécurité ; ils conserveront leurs titres qui leur paraissent offrir des avantages considérables, et ils n'auront que des votes d'éloges pour les gérants et les membres du conseil de surveillance, tandis que s'ils avaient connu la vérité, ils auraient pris des mesures pour sauver la société ; ils auraient destitué le gérant, changé le conseil, ou fait liquider à temps pour ne perdre qu'une fraction de leur capital.

Les distributions imprudentes qui leur ont été faites, au lieu de les enrichir, ont donc causé leur ruine. La loi déclare les membres du conseil de surveillance responsables vis-à-vis d'eux, c'est bien ; mais cela s'accorde assez mal avec la pensée de les rendre eux-mêmes responsables vis-à-vis des créanciers.

Et que dirons-nous de ceux qui auront recherché et acheté les titres sur la foi des dividendes distribués? L'action est une propriété fiduciaire qui puise sa valeur dans les garanties que présente le passé et dans les espérances qu'ouvre l'avenir. Or, voici un capitaliste qui achète, moyennant 1,000 fr., une action primitivement émise à 500 fr. Dans ce prix de 1,000 fr., il y a deux choses : 1° le remboursement au cédant de la part de capital qu'il a mise dans la société, des 500 fr. représentant de la valeur de l'action ; 2° l'acquisition, moyennant 500 fr., des avantages attachés à cette part.

Cependant les dividendes distribués jusqu'alors ont été pris sur le capital, et pendant quelques années encore, il en sera ainsi, jusqu'au jour où la faillite révélera à tous, créanciers et actionnaires, la fraude ou l'incurie des gérants et des membres du conseil de surveillance.

L'actionnaire a versé non-seulement la part du capital représentée par son action, mais encore une prime à son cédant, et cependant il a tout perdu. Comment peut-on prétendre lui imposer l'obligation de verser une seconde fois le capital, sous prétexte qu'il a reçu par fractions ce qu'il devait laisser dans la société, et qu'il s'est enrichi aux dépens des créanciers ?

Au lieu de l'enrichir, ces distributions indues lui ont causé, comme le dit le rapport sur la loi de 1856, un préjudice énorme, *évident*, *palpable*. Ce n'est peut-être pas une raison pour l'aggraver encore en lui faisant verser la mise une seconde fois, alors surtout que la loi, au lieu de contenir un mot duquel on puisse inférer que telle a été sa pensée, place les actionnaires et les créanciers sur la même ligne, et cherche à sauvegarder leurs intérêts communs par la responsabilité des gérants et des conseils de surveillance !

---

§ IX

LA COUR D'AIX A CONSACRÉ LES VÉRITABLES PRINCIPES DANS UN ARRÊT DU 22 JUILLET 1862.

Nous croyons avoir prouvé dans les paragraphes précédents que la législation a tenu compte de la force des choses, et que son esprit, comme son texte, s'oppose à ce que l'actionnaire de bonne foi soit soumis au rapport des dividendes qui lui ont été distribués par les gérants et les conseils de surveillance ; mais la jurisprudence décidant le contraire, il nous faut la suivre dans ses motifs pour voir s'ils sont de nature à modifier les conclusions auxquelles nous sommes arrivés.

Dans une societé commerciale, dit l'arrêt précité de la Cour de cassation du 3 mars 1863, les dividendes ne peuvent être que la part des associés dans les bénéfices de l'association, et l'on ne doit point considérer comme dividendes des distributions faites alors qu'il n'existe pas de bénéfices.

Il y a dans ce premier attendu une maxime et un conseil également justes que nous n'avons nullement la pensée de critiquer.

La maxime, c'est que dans une société commerciale les dividendes ne peuvent être que la part des associés dans les bénéfices.

Le conseil, c'est qu'il ne faut pas considérer comme dividendes des distributions faites alors qu'il n'existe pas de bénéfices.

Voilà deux idées pleines de sagesse et dont tous les gérants et tous les commanditaires devraient bien se pénétrer.

Mais nous n'examinons pas en ce moment les règles qui devraient guider le *parfait négociant* (pour emprunter le titre de l'ouvrage de Savary); nous recherchons quelle peut être la conséquence de la violation de ces règles, non pas vis-à-vis de *ceux qui les violent*, mais vis-à-vis de ceux *au détriment de qui elles sont violées.*

Nous avons en effet posé nous-même en principe que, si un bailleur de fonds qui est tenu jusqu'à concurrence de sa mise, *fait des prélèvements* que ne justifient pas les bénéfices de la société, il devra rapporter ces prélèvements au gérant ou aux créanciers de la société si elle tombe en faillite.

Mais nous croyons qu'il résulte jusqu'à l'évidence, de tout ce qui précède, que les sociétés dont le capital est divisé par actions placent les commanditaires ou porteurs d'actions dans une situation autre que celle où sont placés les bailleurs de fonds dans une commandite pure et simple ; que l'*action libérée* est un titre qui met le porteur à l'abri de tout recours, et qui n'a d'autre inconvénient que de pouvoir tomber à nulle valeur si la société fait de mauvaises affaires ; que les créanciers ont été suffisamment avertis, par la publication de l'extrait du pacte social, des conséquences qu'il devait entraîner (arrêt de Paris du 11 février 1811) ; qu'ils ont su que le capital serait divisé en actions dont les porteurs seraient légalement inconnus, et qu'ils ne pourraient avoir d'action que contre les gérants ou les membres du conseil de surveillance, mandataires spéciaux des actionnaires lesquels déclaraient ainsi vouloir rester en dehors de tout recours dès qu'ils auraient accompli l'obligation qui leur était imposée de verser leur mise ; qu'en pareil cas, les actionnaires ne sont ni ne doivent être passibles que de la perte de leurs actions.

Si tout cela est vrai, qu'importe le second motif de l'arrêt de la Cour de cassation « que la so-« ciété était en perte à l'époque de la distribution « des sommes dont la restitution est demandée, et « que ce n'est qu'au moyen d'inventaires fraudu-« leux que le gérant est parvenu à faire cette « distribution dont il prélevait le montant sur le « capital social? »

Ce motif prouve bien que le gérant est responsable et les membres du conseil de surveillance avec lui ; mais il ne prouve pas que les actionnaires de bonne foi doivent solder les frais de cette responsabilité.

La Cour de cassation conclut cependant « que « dans ces circonstances, les associés comman-« ditaires ne sont à aucun point de vue fondés à « conserver les sommes par eux reçues : qu'en « effet, aux termes de l'art. 1376, celui qui reçoit « par erreur ou sciemment ce qui ne lui est pas dû

« est tenu de le restituer, et que cette règle s'appli-
« que même à celui qui a reçu de bonne foi, le
« seul bénéfice de la bonne foi étant de dispenser
« celui qui restitue du paiement des intérêts. »

Mais nous ne disons pas que les dividendes non acquis fussent dus aux actionnaires; nous disons que, par la nature même de l'acte de société, il a été suffisamment indiqué aux tiers, qui ont accepté cette situation en traitant avec elle, que c'était à eux de voir s'ils devaient avoir confiance dans le gérant et dans les rapports qu'il faisait chaque année; mais qu'ils ne pourraient jamais faire retomber sur les actionnaires, victimes comme eux des erreurs ou des fraudes commises dans les rapports, les conséquences de la confiance imméritée qu'aurait inspirée le gérant.

Mais, à un autre point de vue, il faut encore écarter cet argument tiré de la répétition de l'indu appliqué à la restitution des dividendes qui ne seraient pas justifiés par des bénéfices.

En effet, lorsqu'un gérant verse des dividendes il n'acquitte pas et il n'a pas la pensée d'acquitter une dette. Il répartit ou il a la pensée de répartir entre les actionnaires une chose commune, un bénéfice, un produit, c'est-à-dire des fruits ; et l'actionnaire reçoit les dividendes à ce titre, avec la conviction qu'il peut les consommer en les appliquant à ses besoins : il est donc un véritable possesseur de bonne foi qui fait les fruits siens par la perception.

C'est ce que formule très-nettement un arrêt de la Cour d'Aix du 22 juillet 1862, qui a compris et défini avec une haute raison le caractère véritable des sociétés en commandite par actions, et les effets de la distribution des dividendes par rapport aux créanciers et par rapport aux actionnaires.

« Attendu, porte cet arrêt, que le syndic de la « faillite et deux créanciers intervenant ont de- « mandé contre le sieur Barroil, un des action- « naires de la société, le rapport des dividendes « par lui reçus ; qu'ils ont prétendu que ces bé- « néfices ne résultaient que d'inventaires fraudu- « leux, et que la société n'en ayant pas réalisé, « les dividendes n'étaient pris que sur le ca- « pital ;

« Attendu, en droit, que dans cette hypothèse

« même, il n'y avait pas lieu d'appliquer à l'espèce « les art. 1235 et 1376 C. Nap. invoqués par les « demandeurs, et qui obligent à restituer ce qu'on « a reçu sans que ce fût dû, puisqu'il ne s'agis- « sait pas de *la répétition d'un paiement fait à ces* « *prétendus créanciers, mais de la répartition d'une* « *chose commune ;*

« Attendu que c'est par le Code de commerce « et par la loi de 1856 qu'ont été déterminés les « engagements des divers membres d'une société « en commandite à l'égard des tiers, que le Code « de commerce a prescrit la publication du capi- « tal social et a obligé, suivant la jurisprudence « et la doctrine, chaque actionnaire envers les « créanciers, au versement de la mise de fonds ; « *qu'il a d'ailleurs confié au gérant toute l'adminis-* « *tration ;*

« Que la loi de 1856 a précisé les cas de res- « ponsabilité du gérant, et, en rendant obliga- « toire l'institution des conseils de surveillance, a « soumis aussi leurs membres à une responsabi- « lité, *notamment à raison des distributions de divi-* « *dendes qui auraient lieu par des inventaires frau-* « *duleux ;*

« Attendu que la loi n'a ainsi imposé à l'ac-
« tionnaire envers les créanciers, que l'unique
« obligation de verser le montant de sa souscrip-
« tion ; que ce versement effectué, *il reçoit comme*
« *les fruits de la mise de fonds et fait siens, par sa*
« *bonne foi, les dividendes distribués* ; et quels que
« soient les événements ultérieurs, il n'est pas
« tenu de les rapporter, suivant le Code de com-
« merce, interprété par la discussion du Conseil
« d'État dans l'examen du Code de com-
« merce, etc. » (Dall., 1862, 2, 148).

Voilà les véritables principes qui régissent la matière, et tous les arrêts qui se sont décidés en sens contraire n'ont pu le faire qu'en négligeant le caractère spécial des sociétés par actions et en ne tenant aucun compte de la situation qu'elles font aux créanciers et aux actionnaires.

Mais la dérogation aux règles ordinaires qui doit nécessairement en résulter a été aperçue et signalée il y a bien longtemps par quelques auteurs.

Ainsi M. Vincens, après avoir cité, pour l'approuver, l'arrêt de la Cour de Paris du 11 février 1811, qui décide que les actionnaires au porteur des sociétés anonymes ne peuvent être soumis au rapport des dividendes non acquis qui leur ont été distribués, M. Vincens fait cette réflexion :

« Mais en établissant cette différence entre la « société anonyme et la société en commandite, « on n'a pas fait attention que celle-ci peut avoir « des actions au porteur (art. 38) et que la même « difficulté s'y présente. . . . .

« Quant aux actions au porteur, *elles sont si peu « usitées dans les sociétés en commandite*, que si elles « faisaient obstacle (à la répétition des dividendes), « on pourrait les supprimer sans grand inconvé- « nient.

« Dans les sociétés anonymes, il convient sans « doute que les actionnaires au porteur soient « dispensés du rapport des dividendes distribués « de bonne foi ; *car sans cela on n'aurait pas d'ac- « tionnaires*. » (T. Ier, p. 321.)

L'aveu est précieux et bon à conserver ; il est indispensable que les actionnaires au porteur de sociétés anonymes soient dispensés du rapport, parce que sans cela on n'aurait pas d'actionnaires.

Et la division du capital social des sociétés en commandite en actions au porteur aurait pour résultat nécessaire de dispenser également les actionnaires du rapport; mais l'auteur propose un remède héroïque : c'est d'interdire cette division qui doit produire de tels résultats, *parce qu'elle est peu usitée.*

Elle était peu usitée, en effet, lorsque M. Vincens écrivait son livre ; mais aujourd'hui elle s'applique à une foule de sociétés, et il est intervenu une loi pour la réglementer.

Il ne s'agit donc plus aujourd'hui d'en interdire l'usage, mais de lui faire produire son effet naturel et nécessaire ; or, son effet naturel et nécessaire, M. Vincens le reconnaît, ce sera de dispenser les actionnaires du rapport des dividendes ; c'est ce que nous soutenons, et M. Vincens le proclame avec nous.

MM. Devilleneuve et Massé (Code de commerce, v° *Société en commandite*, n° 32) expriment la même opinion :

« En thèse générale, les bénéfices anticipés

« peuvent et doivent être rapportés ; mais il en « doit être autrement des bénéfices acquis et réa- « lisés. Au surplus, dans les sociétés par actions « qui peuvent changer de propriétaire, ce rapport « est fort difficile à obtenir *et répugne même à la na-* « *ture de ce genre de société*, en ce qu'il aurait pour « effet de jeter de la défaveur sur les actions. On « doit donc entendre, dans ce cas, *qu'il n'y a lieu* « *à rapport qu'autant que l'acte de société en contien-* « *drait une clause expresse.* »

Cette restriction nous paraît parfaitement exacte, et elle a l'avantage de bien préciser l'opinion des deux savants jurisconsultes. Pour eux comme pour nous, dans toute société par actions au porteur, société anonyme ou société en commandite, le droit commun est que les dividendes ne peuvent être soumis au rapport, et, pour qu'il en fût autrement, une clause expresse devrait être insérée dans les statuts.

C'est la thèse inverse de celle que nous combattons.

Nous attachons d'autant plus de prix à l'opinion de ces auteurs qu'elle est le résultat de l'étude toute spéciale qu'ils ont faite de la matière, et qu'elle se produisait pour ainsi dire spontanément et d'une manière abstraite, puisqu'elle ne s'était pas encore présentée dans la pratique.

Tenons donc pour certain que la vérité est de ce côté, et espérons que l'arrêt d'Aix, qui l'a si bien proclamée, donnera le signal d'un revirement complet dans la jurisprudence.

En droit comme partout, il faut toujours suivre la vérité, quelles que soient les conséquences qu'elle entraîne et lors même que ces conséquences paraîtraient dangereuses, parce que la loi doit toujours être respectée tant qu'elle existe ; mais nous avons cette bonne fortune de montrer, avec l'assentiment de nos adversaires eux-mêmes, que leur système est mortel pour l'existence des sociétés, et que le nôtre au contraire assure leur développement et leur avenir. C'est une considération qui peut avoir son importance lorsqu'il y a du doute sur l'esprit qui a dicté une législation. Ici le doute n'est pas même permis, la discussion du Code au Conseil d'Etat nous a prouvé que le législateur voulait favoriser les sociétés; c'est au nom de leur intérêt, dont il avait le droit et le devoir de se préoccuper, qu'il repoussait la proposition de M. Bérenger ; c'est par les mêmes motifs qu'il aurait repoussé, qu'il a repoussé implicitement, devons-nous dire, le rapport des dividendes, non justifiés par des bénéfices, versés aux actionnaires de bonne foi.

En dehors de toutes les raisons que nous avons accumulées pour le démontrer, il en est une exclusivement pratique dont le législateur se serait aussi préoccupé, et qui aurait suffi à elle seule pour faire repousser le système consacré par les arrêts, s'il se fût produit hors de la discussion du Code, c'est la difficulté presque insurmontable qu'on rencontre lorsqu'on veut déterminer ce qui peut être considéré comme *un bénéfice acquis* au moment de la répartition des dividendes; en d'autres termes, lorsqu'on veut rechercher si à telle ou à telle époque, la société est en perte ou en bénéfices, et si elle pouvait, en conséquence, distribuer légalement des dividendes.

§ X

DE LA DIFFICULTÉ DE DÉTERMINER CE QU'IL FAUT ENTENDRE PAR BÉNÉFICE ACQUIS. — CONCLUSION.

Lorsqu'une société a fait faillite il est toujours facile à ceux qui étudient ses livres, pour en rechercher les causes, de dire que telle ou telle opération a été désastreuse et qu'en conséquence, à la fin de l'année où cette opération avait été entamée, au lieu des bénéfices portés à l'actif de l'inventaire, il aurait fallu porter des pertes au passif.

Mais lorsque le résultat n'est pas venu donner ces lumières certaines (les seules qu'admettent un grand nombre d'esprits), il est absolument impossible dans la plupart des cas de dire quel sera le sort d'une entreprise au moment où elle est formée, puisque tout dépendra des événements heureux ou malheureux, de la solvabilité de ceux avec qui on traite, des faillites que l'on aura à subir, etc., etc.

Une société est fondée pour les armements maritimes, tous ses navires sont assurés, elle les frète à de bonnes conditions pour de longs voyages ou pour plusieurs années, avec cette stipulation que le prix du fret sera payable dans un délai plus ou moins éloigné; le gérant fait son inventaire, il porte à l'actif des bénéfices de l'année la part afférente des révenus à espérer, des dividendes sont distribués en conséquence ; un an après, une guerre éclate, l'affréteur est ruiné et ne paie pas le fret promis, ou bien les navires font naufrage, les assureurs font faillite et les capitaux de la société sont perdus, les dividendes qui ont été distribués seront-ils considérés comme acquis, ou bien, jugeant par le résultat, dira-t-on qu'ils n'étaient pas réalisés, et qu'en conséquence ils doivent être rapportés ?

Les mêmes difficultés se présenteront dans presque toutes les entreprises, et notamment dans les entreprises de banque. Les droits de commission, les escomptes, sont les éléments des profits que réalise le banquier, et les droits étant proportionnels au nombre des opérations qu'il fait, plus il fait d'opérations, plus il a de bénéfices. Mais les risques qu'il court augmentent dans la même proportion par la nécessité où il est d'engager sa signature pour des sommes plus considérables. Ce banquier cependant fera figurer et devra faire figurer chaque année à son inventaire les droits de toute nature qu'il pourra percevoir; une crise survient, tout son capital est perdu, a-t-il pu considérer comme bénéfices acquis les droits qu'il a fait figurer à son actif? et si ce banquier était le gérant d'une société, a-t-il pu distribuer en conséquence des dividendes à ses actionnaires sans que ceux-ci soient astreints à les rapporter?

On sait que, pour nous, les actionnaires ne peuvent jamais être soumis à cette obligation dès qu'ils sont de bonne foi, mais nous examinons la question au point de vue de la jurisprudence qui admet le rapport *des dividendes non acquis*, et nous cherchons à déterminer ce qu'il faut entendre par là.

Eh bien! nous sommes convaincu que, dans les hypothèses posées par nous, les bénéfices étaient réels, que les gérants avaient pu les faire figurer à l'actif, distribuer des dividendes en conséquence, et que ces dividendes étant acquis aux actionnaires, ils ne devraient pas être rapportés, même dans le système de la jurisprudence.

Mais telle n'est pas la solution acceptée par elle.

Il résulte en effet de l'arrêt de la Cour de cassation dans l'affaire Mirès (arrêt rendu dans l'intérêt de la loi), et de l'arrêt de la Cour de Caen, dans l'affaire Lecœur (Cass., 28 juin 1862 ; D., 1862, 1, 305 ; Caen, 16 août 1864 ; id., 1865, 2, 192), que les bénéfices réellement acquis, qui seuls peuvent donner lieu à une distribution aux actionnaires, ne doivent s'entendre que des bénéfices résultant d'opérations accomplies, et non des bénéfices fondés sur des conventions qui les assurent.

C'est ce qu'enseigne M. Delangle (*Des Sociétés*, t. 1er, n° 354); et M. Dupin, qui a soutenu la même thèse devant la Cour de cassation, dans l'affaire Mirès, s'exprimait ainsi :

« Mirès s'était promis un bénéfice de 16 mil-
« lions sur les chemins de fer romains, et un
« autre bénéfice de 9 millions sur le chemin de
« fer de Pampelune. Ces sommes ont été considé-
« rées par Mirès comme un bénéfice réellement
« acquis et comme pouvant dès lors faire partie
« d'une distribution de dividendes. Les premiers
« juges avaient pensé que des bénéfices espérés
« n'avaient pu être considérés comme des béné-
« fices réalisés. L'arrêt, au contraire, a considéré
« qu'ils pouvaient être considérés comme acquis
« du jour même du contrat contenant les stipula-
« tions dont on les faisait dériver.

« En ce point l'arrêt a méconnu le véritable
« principe de la loi de 1856 qui n'autorise la
« répartition des dividendes qu'autant qu'ils sont
« réellement acquis. Ce mot *réellement* a une
« signification précise, il ne permet pas l'équi-
« voque. Il ne faut pas considérer le droit abstrait

« à un bénéfice, tel qu'il peut résulter d'une stipulation; il faut encore que le bénéfice ait été « réalisé. *On ne partage pas des espérances,* même « bien fondées; *on ne partage pas une clause, mais* « *des écus.* Un dividende, avant d'être sorti de la « caisse d'une société, doit y être entré. C'est « pour cela que la loi de 1856 recommande aussi « aux membres du conseil de surveillance « de « vérifier la caisse. » S'ils avaient satisfait à ce « devoir, ils auraient bien vu qu'il n'y avait pas « de quoi satisfaire à la répartition du dividende, « ils ne l'auraient pas autorisée. »

Ces paroles sont empreintes de la verve caustique et imagée du savant procureur général, et nous les avons citées parce qu'elles sont toujours invoquées par ceux qui réclament contre les actionnaires la restitution des dividendes qui leur ont été distribués si le capital social ne se retrouve pas intact. On s'en va donc répétant à l'envi : on ne partage pas des espérances ; on ne partage pas une clause, mais des écus; un dividende avant d'être sorti de la caisse, doit d'abord y être entré!

Ces aphorismes peuvent être vrais d'une manière abstraite ; mais ils sont absolument faux lorsqu'on les applique comme M. le procureur général et qu'on en tire la conséquence qu'il en déduit. Sa renommée comme jurisconsulte ne sera certainement pas amoindrie par les erreurs économiques qu'il a commises plus d'une fois, et l'ardeur avec laquelle il a flétri les assurances sur la vie n'empêchera ni ces entreprises de prospérer, ni sa juste réputation de passer à la postérité ; mais elle ne fait pas que ses erreurs deviennent des vérités.

Eh bien ! nous concevons parfaitement qu'on ne partage pas des espérances, qu'on ne partage pas une clause ; mais nous ne concevons pas qu'on vienne dire que dans le commerce et l'industrie il n'y a rien de gagné que ce qui est amassé en écus dans un tiroir, et qu'une société, comme un négociant, ne peut rien prendre, sur les fonds par elle engagés dans ses entreprises, tant que tous ses fonds ne sont pas rentrés dans sa caisse, plus les produits convertis en écus qui constituent les bénéfices.

Si cela était, toutes les opérations à longues

échéances qui absorbent pour longtemps un capital, et qui ne permettront d'en recueillir les avantages qu'après plusieurs années, laisseraient sans ressources aucunes dans le présent ceux qui les font, bien qu'elles donnent les plus belles espérances, et en attendant, ils devraient logiquement mourir de faim.

Dans une société instituée pour faire la banque, par exemple, le gérant engage sa signature pour des millions et les bénéfices sont en proportion des opérations qu'il fait. Cependant tout l'actif social est disséminé en mille créances diverses. Si la pensée de M. le procureur général Dupin est juste, comme ce gérant, bien loin de trouver dans sa caisse 1° tout le capital, 2° tous les bénéfices, y trouve seulement une partie de ces derniers, il ne peut rien distribuer à ses actionnaires, sous peine de leur distribuer des dividendes non réalisés. Mais, comme il est de l'essence d'une telle entreprise de laisser constamment ses fonds engagés, il sera impossible, jusqu'au jour de la liquidation définitive, de prélever un centime dans la caisse.

Pour qu'il en fût autrement, il faudrait donc qu'à la fin de chaque année la société fît rentrer tous ses fonds et qu'elle ne distribuât que ce qui excéderait le capital social. Ce serait le jubilé des écus, qui aurait lieu tous les 31 décembre. Ce jour-là ils devraient se trouver tous réunis dans la caisse pour ne reprendre leur libre essor que le lendemain et revenir encore, dans les mains de leur propriétaire, à la fin de l'année!

Mais je doute fort qu'une maison pût employer ce système et y trouver son compte. C'est cependant le seul qui puisse être adopté si on veut suivre l'opinion de M. Dupin.

Elle est donc condamnée par les conséquences qu'elle produirait.

Ce qui est vrai, c'est que si les créances sont sérieuses, si les bénéfices sont justifiés par des comptes exacts et paraissent d'un recouvrement certain, les bénéfices sont acquis et peuvent très-légitimement être répartis entre les actionnaires.

Qu'il arrive plus tard des malheurs imprévus au moment de la répartition, que des faillites ou des sinistres de toute autre nature diminuent ensuite ou absorbent le capital social, la répartition ne sera pas moins définitive, puisqu'elle aura été légitime au moment où elle aura eu lieu.

Il y aurait donc à se demander, toujours dans le système de la jurisprudence qui permet la répétition des dividendes, si, à l'époque où la répartition a été faite, les valeurs qui composaient l'actif devaient être considérées comme sérieuses. Si la réponse est affirmative, les dividendes étaient acquis et ils ont pu être distribués ; si la réponse est négative, ils sont considérés comme des fractions du capital qui en ont été illégalement détournées.

Mais qui ne voit les difficultés, pour ne pas dire les impossibilités d'une pareille appréciation dix ans, vingt ans, trente ans après l'époque à laquelle la répartition a eu lieu?

Il faut donc que les tribunaux reconstituent fictivement, année par année, le capital social et les opérations de la société pour en contrôler le mérite. Mais les événements postérieurs qui auront tout modifié n'exerceront-ils pas une influence considérable sur l'esprit des magistrats; comment pourraient-ils s'y soustraire et se placer par la pensée à l'époque qu'ils auront à apprécier, sans tenir compte des sinistres imprévus qui seront survenus depuis ?

Ces considérations, nous nous empressons de le reconnaître, ne seraient pas de nature à faire taire le droit si ce droit était certain et positif; mais lorsqu'il est aussi douteux, aussi controversé, elles ne sont peut-être pas à négliger, puisqu'elles montrent combien le système de la jurisprudence est fatal aux sociétés, et que nous nous trouvons en présence de cette certitude vingt fois affirmée que le législateur a eu pour but d'en favoriser la création et le développement.

En résumé, je crois avoir démontré :

Que l'article 26 du Code de commerce, aux

termes duquel l'associé commanditaire *n'est tenu* des pertes que jusqu'à concurrence de sa mise, a eu pour but et pour effet de l'affranchir de toute responsabilité lorsque cette mise a été effectuée, et qu'il ne peut pas être tenu de l'effectuer une seconde fois, s'il a reçu de bonne foi, à titre de dividendes, des fractions du capital social;

Que la division du capital social en actions au porteur, division annoncée aux tiers par la publication de l'acte de société, place les porteurs d'actions, légalement inconnus, à l'abri de tout recours ;

Que telle est la conséquence nécessaire du genre de société adopté ;

Que cette conséquence est consacrée par la jurisprudence pour les actionnaires des sociétés anonymes ;

Que les mêmes raisons s'appliquent aux actionnaires des sociétés en commandite ;

Que si quelques doutes ont pu exister à cet égard, ils ont disparu depuis la loi de 1856, qui permet la division du capital des commandites en actions au porteur ;

Que les actions ne peuvent être au porteur que

lorsqu'elles sont *entièrement libérées*, et que des actions ne seraient pas *entièrement libérées*, si elles soumettaient le porteur à des rapports de dividendes ;

Qu'il est de principe que l'action seule est obligée, et qu'on porterait atteinte à ce principe si l'on prétendait faire rapporter à la caisse, ce qu'il a reçu d'elle, un ancien porteur d'actions devenu étranger à la société ;

Que le système contraire, consacré par la jurisprudence, a le tort de se préoccuper uniquement des créanciers, sans se pénétrer de la situation des actionnaires ;

Que cependant les créanciers n'ont traité qu'avec les gérants, sans s'inquiéter du plus ou de moins de solvabilité des actionnaires, solvabilité qui devait être prise en considération si ce système était bien fondé ;

Que de leur côté, les actionnaires, en entrant dans une société par actions au porteur, ont suffisamment révélé leur intention de rester étrangers aux conséquences de la mauvaise gestion pour tout ce qui excèderait le montant de leurs actions ;

Que les tiers qui ont traité dans ces conditions

avec une telle société, ne peuvent prétendre ensuite faire retomber sur les actionnaires la responsabilité des actes du gérant ;

Que cela est manifeste, surtout depuis la loi de 1856, qui a institué les conseils de surveillance pour agir dans l'intérêt des créanciers et des actionnaires, et qui déclare ces conseils responsables de leurs fautes vis-à-vis des uns et des autres ;

Qu'enfin, le système que je combats serait mortel pour les sociétés, et que le législateur de 1807, comme celui de 1856 et de 1863, a entendu favoriser leur développement.

Si je n'ai pas réussi à faire partager au lecteur la conviction qui m'anime, mon travail aura cependant, je l'espère, quelque utilité.

Il appellera peut-être l'attention des publicistes et des jurisconsultes sur une question de la plus haute gravité, et les tribunaux éclairés par eux sur les dangers de la jurisprudence comprendront qu'il faut la modifier.

S'il en était autrement, le législateur devrait

être appelé à voter une disposition nette et précise qui ne permettrait plus de décider, dans un temps comme le nôtre, où les fortunes mobilières acquièrent une si grande importance, que les héritiers d'un homme qui a possédé des actions peuvent, pendant un siècle et plus, être tenus de rapporter les dividendes qu'il a reçus.

Ma foi est si profonde que, si une disposition législative paraît nécessaire, je ne doute pas qu'elle n'intervienne.

Il y a quelques années, j'ai été appelé à l'honneur de soutenir, après des alternatives de succès et de revers, devant un tribunal et trois cours impériales, que les orgues de barbarie et les serinettes, qui jouent l'air d'un auteur, ne constituent pas des éditions contrefaisantes au préjudice de cet auteur.

La Cour de cassation a définitivement jugé le contraire.

Ce jour-là, je pensai qu'une loi interviendrait pour ne pas laisser subsister cette jurisprudence, si la législation ancienne la rendait nécessaire.

Mon espoir n'a pas été trompé : la loi du 16 mai 1866 dispose formellement que les orgues de barbarie et autres instruments mécaniques ne sont pas des éditions des airs qu'ils exécutent.

Le Corps législatif est saisi d'un projet de loi sur les sociétés, qui doit être prochainement discuté ; le moment est donc favorable pour signaler les dangers de la jurisprudence et j'ai le ferme espoir qu'il ressortira tout au moins de la discussion : que l'actionnaire qui a reçu et consommé de bonne foi les dividendes qui lui ont été distribués, ne peut pas être obligé de les rapporter et ne doit pas craindre de laisser peser sur ses descendants une telle obligation.

APPENDICE

Nous croyons devoir transcrire ici le titre Ier du projet de loi *sur les sociétés*, relatif aux sociétés en commandite par actions, ainsi que le projet qui a été proposé à la Commission du Corps législatif par un de ses membres, M. Émile Ollivier.

On verra que l'article 7 du projet du Gouvernement, reproduisant les dispositions de l'article 10 de la loi du 17 juillet 1856 et de l'article 27 de la loi du 23 mai 1863, déclare chaque membre du conseil de surveillance solidairement responsable, avec le gérant, des dommages causés à *la société et aux tiers* lorsqu'il a, en connaissance de cause, consenti à la distribution de dividendes fictifs.

Nous avons fait remarquer combien il est

étrange que les actionnaires à qui on a distribué des dividendes non acquis soient tenus de les rendre aux créanciers, alors que le législateur déclare que, dans ce cas, les membres du conseil de surveillance sont responsables *vis-à-vis des actionnaires et des créanciers*; et par cela même, cette dernière disposition nous a paru inconciliable avec la jurisprudence qui décide que les actionnaires sont responsables envers les créanciers de la distribution de dividendes fictifs.

Le Corps législatif voudra faire disparaître une contradiction si choquante entre la pensée de la loi et les décisions de la jurisprudence, en ajoutant à l'article 7 un paragraphe qui pourrait être ainsi conçu :

Les actionnaires ne peuvent être tenus de rapporter les dividendes qu'ils ont reçus de bonne foi.

PROJET DE LOI

SUR LES SOCIÉTÉS.

TITRE Ier.

Des sociétés en commandite par actions.

Article premier.

Les souscripteurs d'actions, dans les sociétés en commandite par actions, sont responsables du montant total des actions par eux souscrites. Il ne peut être dérogé à cette prescription que par les statuts constitutifs de la société et jusqu'à concurrence de moitié de chaque action.

Les actions ou coupons d'actions sont négociables après le versement du quart.

Art. 2.

Lorsqu'un associé fait, dans une société en commandite par actions, un apport qui ne consiste pas en numéraire, ou stipule, à son profit, des avantages particuliers, la première assemblée générale fait apprécier la valeur de l'apport ou la cause des avantages stipulés.

La société n'est définitivement constituée qu'après l'approbation de l'apport ou des avantages, donnée par une autre assemblée générale, après une nouvelle convocation.

Les délibérations sont prises par la majorité des actionnaires présents. Cette majorité doit comprendre le quart des actionnaires et représenter le quart du capital social en numéraire.

Les associés qui ont fait l'apport ou stipulé des avantages particuliers soumis à l'appréciation de l'assemblée n'ont pas voix délibérative.

A défaut d'approbation, la société reste sans effet à l'égard de toutes les parties.

L'approbation ne fait pas obstacle à l'exercice ultérieur de l'action qui peut être intentée pour cause de dol ou de fraude.

Art. 3.

Un conseil de surveillance, composé de trois actionnaires au moins, est établi dans chaque société en commandite par actions.

Ce conseil est nommé par l'assemblée générale des actionnaires immédiatement après la constitution définitive de la société et avant toute opération sociale.

Il est soumis à la réélection tous les cinq ans au moins ; toutefois le premier conseil n'est nommé que pour une année.

Art. 4.

Ce premier conseil doit, immédiatement après sa nomination, vérifier si toutes les dispositions contenues dans les art. 1 et 2 de la loi du 17 juillet 1856 et dans les articles ci-dessus ont été observées.

Art. 5.

Est nulle et de nul effet à l'égard des intéressés toute société en commandite par actions constituée contrairement aux prescriptions des art. 1 et 2 de la loi du 17 juillet 1856, et des art. 1, 2 et 3 de la présente loi.

Cette nullité ne peut être opposée aux tiers par les associés.

Art. 6.

Lorsque la société est annulée, aux termes de l'article précédent, les membres du premier conseil de surveillance peuvent être déclarés responsables, avec le gérant, du dommage résultant pour la société ou pour les tiers de l'annulation de la société.

Art. 7.

Les membres du conseil de surveillance n'encourent aucune responsabilité en raison des actes de la gestion et de leurs résultats.

Chaque membre du conseil de surveillance n'est responsable que de ses fautes personnelles, dans l'exécution de son mandat, conformément aux règles du droit commun.

Il est tenu, solidairement avec le gérant, des dommages causés à la société et aux tiers :

1° Lorsque sciemment il a laissé commettre dans les inventaires des inexactitudes graves;

2° Lorsqu'il a, en connaissance de cause, consenti à la distribution de dividendes fictifs.

ART. 8.

L'émission d'actions ou de coupons d'actions d'une société constituée contrairement aux art. 1 et 2 de la loi du 17 juillet 1856, et 1er de la présente loi, est punie d'une amende de 500 à 10,000 francs.

Sont punis de la même peine :

Le gérant qui commence les opérations sociales avant l'entrée en fonctions du conseil de surveillance ;

Ceux qui, en se présentant comme propriétaires d'actions ou de coupons d'actions qui ne leur appartiennent pas, ont créé frauduleusement une majorité factice dans une assemblée générale, sans préjudice de tous dommages-intérêts, s'il y a lieu, envers la société ou envers les tiers.

Ceux qui, dans le cas prévu par le paragraphe précédent, ont remis les actions pour en faire l'usage frauduleux.

ART. 9.

La négociation d'actions ou de coupons d'actions dont la valeur ou la forme serait contraire aux dispositions des art. 1er et 2 de la loi du 17 juillet 1856, ou pour lesquels le versement du quart n'aurait pas été effectué conformément à l'art. 1er de la présente loi, est punie d'une amende de 500 francs à 10,000 francs.

Sont punies de la même peine toute participation à ces négociations et toute publication de la valeur desdites actions.

Art. 10.

Sont punies des peines portées par l'art. 405 du Code pénal, sans préjudice de l'application de cet article à tous les faits constitutifs du délit d'escroquerie :

1° Ceux qui, par simulation de souscriptions ou de versements ou par la publication, faite de mauvaise foi, de souscriptions ou de versements qui n'existent pas, ou de tous autres faits faux, ont obtenu ou tenté d'obtenir des souscriptions ou des versements ;

2° Ceux qui, pour provoquer des souscriptions ou des versements, ont, de mauvaise foi, publié les noms de personnes désignées, contrairement à la vérité, comme étant ou devant être attachées à la société par un titre quelconque ;

3° Les gérants qui, en l'absence d'inventaires ou au moyen d'inventaires frauduleux, ont opéré entre les actionnaires la répartition de dividendes fictifs.

L'art. 463 du Code pénal est applicable aux faits prévus par le présent article.

Les membres du conseil de surveillance ne sont pas civilement responsables des délits commis par le gérant.

ART. 11.

Les sociétés en commandite par actions antérieures à la présente loi, dont les statuts permettent la transformation en société anonyme autorisée par le gouvernement, pourront se convertir en société anonyme dans les termes déterminés par le titre II de la présente loi (1), en se conformant aux conditions stipulées dans les statuts pour la transformation.

Les délibérations autorisant la transformation seront déposées et rendues publiques dans les formes prescrites par les art. 42, 43, 44 et 46 du Code de commerce.

ART. 12.

Sont abrogés les art. 3, 4, 5, 6, 7, 10, 11, 12 et 13 de la loi du 17 juillet 1856.

PROJET DE LOI

PROPOSÉ PAR M. ÉMILE OLIVIER.

« La loi du 17 juillet 1856 sur les sociétés en commandite par actions et la loi du 23 mai 1863 sur les sociétés à responsabilité limitée sont abrogées; les

---

(1) L'innovation capitale du projet de loi, en ce qui concerne les sociétés anonymes, est consacrée par l'article 13 qui dispose qu'à l'avenir ces sociétés pourront se former sans l'autorisation du Gouvernement.

articles 18 à 64 du Code de commerce sont remplacés par les dispositions suivantes :

« Art. 1er. La loi ne régit les sociétés de commerce qu'à défaut de conventions spéciales. Toutes conventions sont valables entre les parties à la seule condition de n'être pas contraires à l'ordre public et aux bonnes mœurs. Pour être opposables aux tiers, elles doivent être rendues publiques.

« Art. 2. Les parties doivent se borner à déclarer qu'elles entendent former une société en nom collectif, ou une société en commandite, ou une société anonyme. Elles sont considérées comme se soumettant par là même aux articles suivants.

« Art. 3. Dans la société en nom collectif, chacun des associés a pouvoir d'administrer et d'engager la société; les différents associés sont tenus solidairement de tous les engagements de la société.

« Art. 4. La société en commandite suppose qu'il existe : 1° un ou plusieurs associés tenus personnellement et solidairement des dettes de la société ; 2° un ou plusieurs associés, simples bailleurs de fonds, passibles des pertes seulement jusqu'à concurrence de leurs mises. Sauf conventions contraires, l'administration appartient à tous les associés en nom. Le droit des simples commanditaires peut exister sous forme d'*action*.

« Art. 5. Dans la société anonyme, les différents associés ne sont passibles des pertes que jusqu'à concurrence de leurs mises. Le droit de chacun est représenté par une ou plusieurs actions. L'acte constitutif indique comment la société sera administrée.

« Art. 6. Si les parties avaient simplement déclaré se mettre en société, elles seraient censées avoir formé une société en nom collectif.

« Art. 7. Tout acte constitutif d'une société commerciale doit être transcrit sur un registre à la mairie de la commune où est établi le siége social.

« Art. 8. La société qui n'a pas été rendue publique, conformément à l'article précédent, n'existe pas à l'égard des tiers; elle peut seulement valoir entre les parties comme association ou participation. Si quelque clause de l'acte de société a été omise dans les transcriptions, cette clause ne peut jamais être invoquée par les associés contre les tiers.

« Art. 9. L'associé tenu personnellement d'une dette sociale peut invoquer, en cette qualité, une prescription de cinq ans, qui courent du jour de la dissolution de la société. Cette dissolution, dans les cas où l'acte constitutif n'en fait pas connaître l'époque précise, n'existe à l'encontre des tiers que du jour où elle a été rendue publique sur le registre tenu à la mairie. »

FIN

TABLE DES MATIÈRES.

Pages.

AVANT-PROPOS. 1

§ Ier. — État de la jurisprudence sur la question. . . . 5

§ II. — Comment s'est établie la jurisprudence qui admet la restitution des dividendes. 17

§ III. — De l'origine et de la nature de la commandite. . 29

§ IV. — Travaux préparatoires du Code de commerce.— Opinion des auteurs du projet de loi sur la situation des commanditaires. 39

§ V. — De la distinction établie par un arrêt entre les commandites simples et les commandites par actions. 49

§ VI. — La division en actions du capital des commandites constitue à l'égard des actionnaires une véritable société anonyme et les met à l'abri de tout recours. 61

§ VII. — Loi du 19 juillet 1856 sur les commandites par actions. Elle ne permet pas la répétition des dividendes contre les actionnaires de bonne foi 75

§ VIII.— Les gérants et les conseils de surveillance sont seuls responsables vis-à-vis des créanciers de la distribution des dividendes non acquis. . . 103

§ IX. — La Cour d'Aix a consacré les véritables principes dans un arrêt du 22 juillet 1862. . . . 121

§ X. — De la difficulté de déterminer ce qu'il faut entendre par bénéfice acquis. — Conclusion. . . 135

APPENDICE. 151

Projet de loi sur les sociétés. 153

Projet de loi proposé par M. Émile Olivier. 158

FIN DE LA TABLE.

PARIS. — IMP. COSSE ET J. DUMAINE, RUE CHRISTINE, 2.

www.ingramcontent.com/pod-product-compliance
Ingram Content Group UK Ltd.
Pitfield, Milton Keynes, MK11 3LW, UK
UKHW021150260726
13994UKWH00001B/369

9 782329 407425